# O poder do foco

**Dados Internacionais de Catalogação na Publicação (CIP)**
**(Câmara Brasileira do Livro, SP, Brasil)**

Antunes, Celso
O poder do foco : o cérebro e seu papel essencial para uma carreira de sucesso / Celso Antunes. 2. ed. – Petrópolis, RJ : Vozes, 2015.

Bibliografia.

ISBN 978-85-326-4813-6

1. Administração de empresas 2. Cérebro 3. Empresas – Produtividade 4. Pensamento criativo 5. Sucesso – Aspectos psicológicos 6. Talento I. Título.

14-05178 CDD-650.1

Índices para catálogo sistemático:

1. Foco pessoal : Disciplina e sucesso : Administração 650.1

CELSO ANTUNES

# O poder do foco

O cérebro e seu papel essencial para uma carreira de sucesso

EDITORA VOZES

Petrópolis

Rua Frei Luís, 100
25689-900 Petrópolis, RJ
www.vozes.com.br
Brasil



**Diretor editorial**
Frei Antônio Moser

**Editores**
Aline dos Santos Carneiro
José Maria da Silva
Lídio Peretti
Marilac Loraine Oleniki

**Secretário executivo**
João Batista Kreuch

*Editoração*: Maria da Conceição B. de Sousa
*Diagramação*: Sheilandre Desenv. Gráfico
*Capa*: Idée Arte e Comunicação

ISBN 978-85-326-4813-6

Editado conforme o novo acordo ortográfico.

Este livro foi composto e impresso pela Editora Vozes Ltda.

# Sumário

*Apresentação e justificativa* – Polivalente? Nada disso, 7

1 Quem é você?, 11

2 Manada ou individualidade?, 14

3 Entrevista de emprego, 20

4 O que significa talento?, 23

5 Não existem dois cérebros absolutamente iguais, 25

6 É possível provar a diversidade cerebral?, 27

7 Neuroplasticidade. O que isso significa?, 29

8 O preço da estimulação da mente, 32

9 Homens e mulheres possuem cérebros diferentes?, 35

10 A idade e outros fatores que devem ser levados em consideração, 41

11 Quanto tempo por dia é suficiente?, 44

12 A importância da persistência e o valor de um projeto, 46

13 Mentes e talentos de um profissional imprescindível, 49

14 Como conquistar e aperfeiçoar talentos organizados?, 55

15 Como conquistar um talento interpessoal?, 63

16 Como conquistar um talento empreendedor?, 70

17 Como fazer uso dos talentos para ampliar as relações interpessoais?, 76

18 Resiliência. O que isso significa?, 86

19 Como posso saber se possuo caráter resiliente e se é possível expandi-lo?, 88

20 Existem diferenças entre homens e mulheres quanto à resiliência?, 92

21 Como aumentar minha força resiliente?, 94

22 Como desenvolver a inteligência moral?, 97

23 Seu cérebro: use-o ou perca-o, 104

*Leituras para saber mais*, 107

# Apresentação e justificativa

## Polivalente? Nada disso

Com alguma frequência atendo com prazer a telefonemas. O motivo: querem homenagear este velho professor, convidando-o para uma palestra. Em resposta, agradeço com emoção e faço uma pergunta: A palestra é para o mundo educacional ou o corporativo?

Seja qual for a resposta que ouço, não raras vezes vem acompanhada da afirmação: "Claro", ou ainda: "Naturalmente". O que me surpreende nessas respostas é que tanto os que solicitam palestras para professores ou coordenadores como os que a pedem para personagens ligados ao mundo do trabalho e das relações humanas se mostram agradavelmente surpreendidos com a indagação que faço. Professores se surpreendem que eu seja convidado para palestras para o cenário do emprego e das relações profissionais, tanto como profissionais dessa área ficam surpresos de pensarem que o público-alvo para esses convites esteja ligado ao ensino e à aprendizagem. Eu, entretanto, surpreendo-me apenas com a reação que minha pergunta causa.

Há anos, muitos anos, sou honrado com convites para falar sobre a aula e suas alternativas, os conteúdos conceituais e sua contextualização na vida diária, habilidades e competências que se estimulam, disciplina ou indisciplina e ações que norteiam uma eficiente avaliação da aprendizagem escolar, como também sou chamado para falar sobre vendas, estratégias de relacionamento no mundo do trabalho, processos de seleção ou caminhos para fazer da coesão profissional o sucesso para o empreendedorismo ou para a melhor produtividade. Sinceramente não me julgo polivalente e nem mesmo tenho a ousadia de tocar instrumentos musicais diferentes. Sou educador, e como tal penso que o mágico sentido da educação de qualidade se aplica indistintamente ao universo escolar e acadêmico ou ao mundo empresarial e empreendedor. É evidente que palestras para uns e para outros são diferentes, como diferentes são as expectativas de quem convida, mas quem há mais de cinquenta anos educa não identifica contradição entre educar crianças ou adultos, alunos ou pais, empresários ou executivos.

Assim, chama-me a atenção como uns e outros imaginam que escola e empresa constituem mundos paralelos. Toda escola é uma empresa, toda boa empresa é sempre escola admirável, e qualquer pessoa que ama aprender e pela aprendizagem se transformar não se deixa iludir por distinções que nada mais são do que rótulos diferentes que integram uma mesma paixão. É por essa razão que penso surpreender alguns que sempre se voltaram para livros educacionais perceber-me escrevendo para o cenário corporativo; mas tal como no caso do telefonema que antes se falou, este livro não é fruto de uma mente polivalente e nem mesmo de alguém "enxerido" em um mundo que não é seu.

Desde que pela primeira vez entrei em uma sala de aula, dela jamais saí, e essa estreita ligação não impediu que às aulas eu acrescentasse funções gerenciais ou cargos de superintendência, em ramos diferentes e empresas díspares. Um bom médico, afinal de contas, não é "profissional" somente no consultório ou hospital, pois seu juramento de formando o faz assim ser a toda hora, para qualquer um que de seus cuidados necessita.

De igual maneira, o educador o é dentro da escola ou da empresa, onde quer que possa ajudar. Creiam-me, este livro não representa fuga ou desvio, mas anseio de aproximação, vontade modesta de sincera ajuda. Quem ama o que faz ama a todos a quem faz.

*Celso Antunes*

# 1 Quem é você?

Parece não existir para esta pergunta resposta que seja ao mesmo tempo fácil e direta ou difícil e complicada.

Fácil e direta porque não há adulto que não saiba seu nome, local de seu nascimento, dados referentes a seus documentos e informações múltiplas sobre seus amigos, seus pais, as escolas pelas quais passou e as coisas que adora e as que detesta fazer em cada dia ou em certos dias.

Difícil e complicada quando a mesma pergunta envolve ideais e projetos, pensamentos que não ousa expressar, sentimentos e emoções que vez por outra alcançam a lógica frieza do viver. Você ou qualquer outro ou outra em sua idade, pouco menos ou bem mais, é seguramente pessoa muito além de dados referenciais sobre parentes, amigos, números de documentos e informações corriqueiras. Uma pessoa é essencialmente "humana" não apenas porque integra espécie distinta de outras espécies biológicas, mas porque tem o mágico poder do pensar e pelas trilhas ousadas do pensamento fazer-se capaz de divagar, duvidar, sonhar, idealizar, compreender, interrogar e interrogar-se. E são justamente as ousadias desses pensamentos atrevidos que tornam a resposta complicada.

Um animal doméstico que se tem em casa ou que se encontra vadio pelas ruas é sempre eterno prisioneiro de um perpétuo agora. Busca saciar instintos e anda à cata de afago, mas muito pouco além dessa busca efetivamente o motiva. Vive sem saber por que vive e não o preocupa a amargura de lembranças e as esperanças de ousadas conquistas. Mas os homens são diferentes dos animais por inúmeras condições biológicas e, sobretudo e principalmente, pela ousadia de uma cabeça que pensa e que se inquieta, um cérebro que desafia e interroga. Qualquer pessoa de qualquer tempo ou espaço é eterna caçadora de respostas e de, com elas, construir uma identidade.

Escapar do imediatismo singelo do animal doméstico é encontrar respostas que sua própria inteligência a cada instante e muitas vezes sempre propõe. Descobrir talentos que podem modelar a vida e atribuir materialidade aos sonhos.

Este pequeno livro não tem essas respostas, até mesmo porque sabe que as que servem para um não servem para outro, e, ainda que houvesse resposta que a todos servisse, seu autor não saberia respondê-las, pois a si mesmo sempre as faz. Mas, se este livro não tem as respostas essenciais para que você possa construir a plenitude de sua identidade, tem a pretensão de ajudá-lo a encontrá-las. Impossível antecipar que terá sucesso apenas o consolo de uma tentativa que seguramente vale a pena.

Nem sempre é possível colher frutos de semente que se plantou, a não ser que se considere que plantar semente já é em essência um fruto bem bacana. No capítulo seguinte, a proposta de uma experiência para você se conhecer melhor.

# 2 Manada ou individualidade?

Você já deve ter visto, se não ao vivo, pelo menos em cenas filmadas ou mostradas na televisão, o chamado "estouro" da boiada. São aqueles momentos em que todo um rebanho acuado ou assustado desembesta em esmagadora correria, esfolando-se no entrechoque de corpos, correndo em desespero para lugar algum. Se jamais viu, não parece difícil imaginar a dramaticidade dessa cena. Ao perceber o desespero anônimo de corrida inútil e assustadora se é levado a pensar que essa conduta nada tem de humana e que a boiada ou a manada, por ser formada de animais, é que assim algumas vezes procede.

Mas, será que os seres humanos não caminham sem destino? Não se arremetem loucamente em uma direção sem nem mesmo imaginar qual é essa direção? Será que o desgaste inevitável da rotina não impõe momentos em que agimos sem refletir, caminhando porque é essencial caminhar, sem nos dar conta de quais fatores provocaram o “estouro” que nos leva a seguir outros, sem nos dar conta de quem nem por que seguimos?

A resposta é, indiscutivelmente, afirmativa. O homem é essencialmente diferente dos animais e por isso é proprietário de uma individualidade que em seu conjunto caracteriza a essencialidade de sua condição humana, sua humanidade enfim, mas por vezes sente-se atropelado pelas circunstâncias e caminha sem saber para onde caminha, “segue a manada” apenas porque faz parte de uma tribo.

Agir dessa maneira e, portanto, assumir o “espírito da manada”, em alguns momentos é contingência inevitável. Fazer o que todos fazem, aplaudindo ou vaiando porque está na moda, não constitui conduta que diminui a humanidade de cada um, quando é prática da rotina, contingência inevitável do momento. O perigo existe quando começamos a nos acostumar com a rotina e, sem nos dar conta da identidade essencial, seguimos pela trilha da manada, renunciando à ousadia da individualidade.

O breve ESTUDO DE CASO que se segue ilustra a trilha da manada esmagando a ousadia da individualidade.

---

Luiz Henrique tinha sonhos, muitos sonhos.

Nos raros momentos de devaneio, ou mesmo quando no metrô apertado podia afastar-se das preocupações cotidianas, gostava de mergulhar em ilusões, e em nome delas se imaginava formado, ministrando aula em uma boa escola, encantando alunos com suas paixões, fazendo-os melhor com seus ensinamentos. Pensava suas aulas não como discurso rotineiro, monólogo vazio e decorado de textos que aprendera, mas como instrumento de discussão e reflexões, exercícios de pensamento, oportunidades de criação. Extremamente crítico, imaginava-se desbravador da criatividade e forjador de sentimentos de altruísmo e esperança. Com os saberes de sua disciplina ensinaria seus alunos a pesquisar, ofereceria as oportunidades do argumento, mostraria a grandeza do ver diante da timidez do enxergar e cobraria de todos uma leitura do mundo e imersão plena nas circunstâncias de seu tempo.

Nem sempre, entretanto, os caminhos do sonho são os que a realidade propõe. Efetivamente formou-se e não foi difícil conseguir aulas em escola tida como boa, mas descobriu-se cercado de mediocridade, freado pela rotina, desgastado pela imposição de aulas sem vida, repetições sem sentido, emoções caladas. Chegou até mesmo a pensar em deixar a escola, procurar outra, mais outra ou ainda uma mais onde fosse possível dar sentido aos seus pensamentos, materialização das suas ideias de grandeza. Desistiu, porém. O salário era razoável e os conselhos dos mais experientes teimavam em desgastar esperanças, reiterando que toda escola é sempre igual e somente por essa razão é que é uma escola.

Encontrou uma alternativa. Soube que existia a possibilidade mágica de comprar uma máscara que, vestida, de tal forma se ajustava às suas feições que ninguém desconfiaria que o rosto apresentado não fosse o seu. Essa máscara, segundo apregoavam, tinha a propriedade de perante os alunos e colegas ajustar-se a seus desejos, adaptar-se às suas limitações, integrando-se com plenitude, sem que seu eu verdadeiro se maculasse pela mediocridade. A partir dessa descoberta, vestir a máscara ao amanhecer e retirá-la à noite passou a ser sua rotina. Diante dos colegas e dos alunos não chamava a atenção; agia como todos agiam, aplaudia o que todos aplaudiam. Não se destacava, mas, semelhante à turba, era tão legal quanto a própria turba se imaginava. Mas, sempre que em seu quarto à noite chegava, Luiz Henrique arrancava aquela máscara e diante do espelho reencontrava com satisfação seu eu autêntico, integral em seus sonhos, ilimitado em sua vontade de esperança, em seu entusiasmo de vida.

Ocorre, entretanto, que a rotina de vestir e tirar a máscara cansava-o sempre, e extenuado pelos desafios da árdua luta diária passou a retirar a máscara apenas nos fins de semana. Depois, até mesmo dessa tarefa se esqueceu, guardando para as curtas e esparsas férias esse raro encontro. De tal forma adaptou-se à rotina que, tempos depois, nem mais se deu conta de que vestia uma máscara, incorporando-a à sua rotina, integrando-a ao seu jeito de ser.

Envelheceu. Quando já no outono da vida buscou refletir no que sonhara e por quais caminhos vivera, lembrou-se da aventura e resolveu de forma definitiva e resoluta arrancar a máscara de uma única vez, assumindo seus sonhos ainda que quiméricos, agarrando-se aos ideais, mesmo sem tempo de construí-los. Com a serena certeza de que poderia afinal descobrir-se, esqueceu o temor das conveniências e a crítica dos vizinhos, e diante do espelho arrancou a máscara.

Uma amarga certeza o esperava. Ao contemplar o rosto despido percebeu que este assumira as feições da máscara com tal perfeição e síntese, que com ou sem ela jamais poderia encontrar os ideais de seu "eu" que em sonhos um dia cultuou.

---

Busque transferir para sua situação pessoal no momento o estudo de caso apresentado sobre Luiz Henrique. Você possui, efetivamente, uma identidade que o torna único, singular, incomum. É diferente pela ousadia de pensar de maneira própria? Será que não veste a "máscara" como Luiz Henrique, sem nem mesmo se dar conta de que a veste? Caminha como animal em manada ou busca a ousadia da singularidade? Está satisfeito em ser da maneira que é ou espera mudar? Como gostaria de se ver dentro de cinco anos? E dentro de dez anos?

Não importa as respostas que apresenta. Se questões como estas despertam em você uma vontade de pensamentos seus, um desejo sincero de independência, você já deu passo importante na busca de sua identidade.

Ao ensinar passo a passo os meios para, melhor conhecendo sua mente, conhecer-se melhor, aferir seus talentos e potenciais efetivos e compreender os limites de seu poder de resiliência, este livro poderá ajudá-lo a "sair da manada" e, encontrando sua identidade, ajudá-lo a conseguir muito mais; enfim, ser mais.

# 3 Entrevista de emprego

*– Boa tarde, Marcos. Convoquei-o para informar o resultado parcial da avaliação que fizemos e que visava preencher nosso quadro funcional. Como sabe, somos uma organização internacional, a primeira em seu ramo no mundo, e como estamos em processo de expansão em seu país, organizamos um processo seletivo. Para tanto, avaliamos milhares de currículos, inclusive o seu, e selecionamos pouco mais de uma centena. Convocamos esses profissionais e os convidamos para rigorosas provas, atividades múltiplas de dinâmicas de grupos, sessões práticas de estudos de caso, além de inúmeras horas de entrevistas com nossos especialistas, visando empregá-los. A primeira fase dessa maratona chegou ao fim e o estamos convocando para dizer que você foi aprovado. Parabéns!*

*– Muito obrigado, senhor. Ufa! É com alegria que recebo esta notícia e garanto que tudo farei para que nas fases subsequentes eu possa continuar no desempenho esperado...*

*– Desculpe-me interrompê-lo, Marcos. Mas convoquei-o para afirmar que você não está incluído para a disputa na próxima fase. Serão oitenta candidatos e selecionaremos os sete que vamos contratar...*

*– Mas, se fui aprovado na primeira fase, por que sou excluído sem nem mesmo tentar as demais etapas preliminares?*

*– Você ainda não compreendeu, Marcos. Mas, seu desempenho foi de tal forma brilhante, destacou-se tão mais acima de qualquer concorrente que a comissão avaliadora julgou desnecessário submetê-lo a outras avaliações. Seus resultados superam com tal qualidade centenas de concorrentes, que é o profissional que precisamos e que nossos concorrentes, por certo, também necessitam. Você foi aprovado com distinção, fato que jamais ocorreu anteriormente. Estou felicitando-o pelo êxito. Vou agora acompanhá-lo ao Departamento de Pessoal para os procedimentos de praxe...*

*– Desculpe-me, senhor. Estou de tal forma surpreso que sequer pensava me incluir na segunda fase e recebo a notícia de que já estou empregado. Mas, sem pretender tomar o seu tempo, poderia em poucas palavras comentar o que em minha avaliação tanto os surpreendeu?*

*– Meu caro amigo e agora também colega, existem talentos em sua ação que nos empolga. A maneira como domina fundamentos essenciais das principais escolas de pensamento e a maneira como sabe usar de forma competente esses recursos, sua capacidade de integrar ideias de diferentes esferas do saber, a capacidade incrível de resolver novos problemas e perceber*

*novos fenômenos, sua consciência e compreensão das diferenças entre os seres humanos e o sentido ético no cumprimento de suas responsabilidades profissionais e sociais... Enfim esses seus talentos... Por isso, se não sabe, trate de saber que o mundo o desafia e que você tem em mãos todas as condições para suplantar esses desafios. Mas, voltando à condição profissional, Marcos, você já sabe qual salário vai solicitar?*

*– Não sei responder, senhor. Estou surpreso e na verdade eu é que pergunto qual deverá ser o meu salário. Estou começando, não tenho ainda muita experiência, eu de bom grado aceitaria... Aceitaria, digamos cinco mil reais mensais... Estarei exagerando, senhor?*

*– Não seja ingênuo, meu amigo. Talvez sua inexperiência não lhe permita saber o quanto vale, mas nós bem o sabemos e compreendemos que não o podemos perder. Creio que, para começar, podemos multiplicar por dez essa sua pretensão salarial. Mas, garanto, com a cabeça que tem, esse é apenas um tímido começo, pois ainda assim tão jovem nossa organização tem certeza inequívoca de que um poder mental iluminado como o fez merecer, como nenhum outro, conquistar este emprego. Parabéns.*

O caso apresentado é ficção. Um breve conto introdutório. Mas é ficção que se transformará em realidade se você dedicar-se à leitura deste pequeno livro e com ele ir progressivamente conquistando o poder da mente e dominando seus talentos, mais do que nunca procurados em toda parte, por grandes e pequenas organizações.

# 4 O que significa talento?

Se procurarmos em um dicionário o conceito de "talento" encontraremos três ideias essenciais: 1) moeda da antiguidade grega e romana; 2) dom natural ou adquirido e 3) inteligência excepcional. Pensando no conteúdo dessa palavra e nas propostas que este livro apresenta, não há como discordar dessas afirmações, pois:

1) A associação de uma palavra a uma moeda de importância histórica é, por sua analogia, a referência a um valor e, inegavelmente, quem possui talento tem valor e expressa uma condição essencial para o sucesso em qualquer profissão. Qual corporação nacional ou estrangeira não necessita de profissionais competentes e brilhantes, plenos em valores. É, pois, dessa maneira que pensamos o talento e sua importância no mercado de trabalho brasileiro ou internacional.

2) Com relação ao segundo sentido de "talento" também concordamos plenamente. Talento é dom natural ou adquiri-

do, isto é, uma qualidade que a pessoa traz em sua bagagem hereditária, mas que pode ampliar e crescer quando se tem essa meta pela frente. Este livro, assim, explica caminhos para esse crescimento e estratégias para que o talento que se traz como herança biológica possa crescer de forma exponencial e significativa.

3) E, finalmente, talento é inteligência excepcional, e desde quando se constatou a plasticidade do cérebro humano e se descobriu que as inteligências podem ser ampliadas, não mais se duvida que, com dedicação e persistência, é possível desgarrar-se de limitações e voar por anseios mais significativos, caminhando da pessoa comum para o profissional excepcional.

Este livro, portanto, vai mostrar passo a passo os caminhos para que uma qualidade humana reconhecida como valiosa e promissora seja estimulada e, assim, possa fazer de uma pessoa que poderia ser apenas "mais uma em uma multidão" seja alguém de destaque e que possa brilhar e encantar por sua excepcional inteligência.

Fecha-se, assim, a ideia que conceitua "talento", explicam-se em breves palavras as portas que, com sua dedicação e esforço, se abrirão para você. É só entrar.

# 5 Não existem dois cérebros absolutamente iguais

Realmente. Seu cérebro é único, e por isso incomparável. Gêmeos semelhantes podem ser de tal maneira parecidos, que é praticamente impossível a um estranho saber quem é um e quem é outro. De igual maneira, milhares de eletrodomésticos saem de uma linha de produção sem que se possa achar qualquer diferença entre eles. Mas, com o cérebro humano isso é impossível.

Essa pequena parte de nosso corpo é de tal forma complexa, abriga tal volume de componentes e produz quantidade tão alucinante de conexões a cada instante, que nem mesmo entre pais e filhos ou gêmeos idênticos existe igualdade absoluta. Você até pode pensar de maneira mais ou menos semelhante à maneira como pensa um parente, amigo ou uma amiga, mas isso não significa que seus cérebros sejam totalmente iguais e, assim, pensem de maneira igual. Pensamentos comuns podem até serem parecidos, mas chegam por vias diferentes.

E essa constatação de não existirem dois cérebros absolutamente iguais é boa ou é má? Embora esta pergunta possa apresentar mais do que uma resposta, pois reflete uma opinião, preferimos achar que essa singularidade do cérebro humano é algo positivo. Na verdade, muito bom. Pense, por exemplo, que não existe em toda Terra ninguém com uma cabeça igual à sua e jamais existiu, quem quer que seja, de quem você fosse uma cópia? Isso não é fantástico?! Você até pode provocar seu cérebro da mesma maneira como um colega provoca o seu, mas com certeza os resultados dessas provocações iguais ocasionarão resultados desiguais. Possuir cérebro único e, portanto, original em uma população de mais de sete bilhões de habitantes é um belo pensamento, mas um sério inconveniente.

As lições e as ideias apresentadas neste livro para o domínio integral de seus talentos são também acessíveis a outros e, dessa maneira, quem melhor acreditar em si mesmo e mais responsavelmente se dedicar a esse progresso mais facilmente alcançará melhores resultados. A competição não é apenas brava. É bravíssima e, por isso, mãos à obra.

Nos próximos capítulos você aprenderá a conhecer, a compreender e usar melhor a sua mente, mas essa aprendizagem, ainda que possa ser passada para outras pessoas, certamente apresentará resultados diferentes. Será extremamente útil para você, para seu cérebro, para fazer com que goste muito mais de si mesmo e, assim, possa curtir com intensidade o prazer de ser alguém único; inteiramente original.

# 6 É possível provar a diversidade cerebral?

Claro que sim! E de inúmeras maneiras; simples, mas convincentes. Uma delas é observar que não existem ou existiram gênios com inteligências iguais. Alguns deles, reconhecidos pela humanidade pelo fantástico poder mental, mostravam-se espetaculares em talento matemático, como por exemplo: Einstein, Pitágoras, Euclides e muitos outros. Outros talentos, não menos geniais, e entre eles Mozart, Strauss ou Beethoven, encantaram o mundo com seu talento musical. Nesta relação também é importante incluir gênios que não lidavam muito bem com números ou com notas musicais, mas eram verdadeiros "craques" na fértil imaginação e no uso de palavras, e nesse time se incluiriam Camões, Cervantes, Machado de Assis e tantos outros de agora e do passado. A relação prossegue, e mesmo raros gênios em quase tudo, como Michelângelo e Goethe, diferenciavam-se nisto ou naquilo, e nem por isso eram menos geniais. Mas, é claro, além dessas ainda existem outras, inúmeras outras provas sobre essa diversidade cerebral.

Veja, por exemplo, o caso de afecções cerebrais agudas que causam doenças limitadoras, como acidentes vasculares cerebrais ou traumas violentos, produto de acidentes. Suas vítimas perdem capacidades cerebrais específicas às áreas atingidas e, assim, alguns são afetados em sua fala, outros são atingidos em seu poder de memorização e existem os que comportam limitações motoras ou inúmeras outras. Se todos os cérebros fossem iguais, causas idênticas gerariam limitações iguais, e não é, absolutamente, o que acontece.

Além destas, outras razões e que dependem de estudos e análises científicas específicas confirmam a diversidade mental. Exames feitos por aparelhos rastreadores da mente destacam essa diversidade, e isso tudo garante que você tem uma mente muito especial, diferente de outras mentes. Essa diversidade, entretanto, não impede que melhor conhecimento e maneiras inteligentes de estimulá-la não sejam benéficos para todos. O cérebro humano é único, diferente em cada pessoa, mas todas elas respondem positivamente a quem quer que aprenda maneiras simples de saber utilizá-lo. Você tem muito a ganhar. Basta querer.

# 7 Neuroplasticidade. O que isso significa?

Experimente segurar em sua mão esquerda uma pequena toalha plástica, maleável. Imagine segurando em sua mão direita um tijolo ou xícara de cerâmica. Repare que o que tem em sua mão esquerda é perfeitamente moldável e com o movimento de sua mão pode facilmente dar a essa toalha formas diferentes. Isso não ocorre com o que você tem em sua mão direita. Você até pode partir o tijolo ou quebrar a xícara, mas jamais será possível alterar sua forma.

Os ossos de seu corpo são assim, mais ou menos como o tijolo ou a xícara, mas tal não acontece com a estrutura de seu cérebro, dentro de seu crânio. O cérebro humano é "plástico", assim como qualquer folha plástica e, ao contrário dos ossos, pode se modificar, se alterar. Denomina-se neuroplasticidade a essa sensibilidade cerebral às transformações, a esse poder de aprender e de se reprogramar.

Desde quando a Ciência comprovou que a estrutura do cérebro não é fixada pelo nascimento, mas que se altera sempre quando o exercitamos e que novos neurônios e redes neuronais se desenvolvem com exercícios mentais sistemáticos, a parte da humanidade que pode ter acesso aos caminhos da reprogramação cerebral se libertou da ilusão de que não seria possível mudar a estrutura de seus pensamentos, a capacidade da memória, a ampliação do poder de aprendizagem e o crescimento de inteligências e mais, muito mais.

Atualmente, em todos os lugares do mundo onde a Ciência pode entrar livremente, sabe-se que é possível compreender como a mente funciona, acessa e como armazena informações, e que seu poder pode ser maximizado para se fazer mais e fazer melhor, ter mais e, principalmente, ser mais. É o que você irá aprender neste livro.

Desde um passado muito remoto já se sabia que exercícios regulares podem fortalecer os músculos e aumentar o poder e a força física, e desde o final dos anos de 1990 também se sabe que, da mesma maneira como podemos ampliar o poder muscular, qualquer pessoa pode aumentar muito seu poder mental. Neuroplasticidade não é uma hipótese, é revelação científica que ensina que o cérebro que comanda e administra sua vida pode ser estimulado e ajudar seu progresso pessoal, "acordar" seus talentos preguiçosos e fazê-lo bem mais feliz.

Mas a comprovação do lado positivo da neuroplasticidade também mostra que esse mesmo cérebro genial, se não for bem estimulado, pode atrapalhar e prejudicar você. Imagine, por exemplo, uma pessoa extremamente insegura e medrosa que, sem confiança em colocar seu carro em uma vaga estreita na garagem, pensar teimosamente e de forma obcecada que não vai conseguir. Não conseguirá mesmo. Terá que pedir a alguém ou, pior ainda, arranhar seu carro.

# 8 O preço da estimulação da mente

Sai muito caro estimular minha mente? Quanto deverei gastar para me tornar mais inteligente, resolver problemas de toda natureza com mais facilidade, explorar meus talentos, ajudar minha memória e tornar-me mais aceito nos ambientes que frequento? Enfim, é alto o preço para a estimulação mental?

A resposta a esta questão é, ao mesmo tempo, "sim" e "não". Sim, o preço é alto porque seu cérebro não se estimula sozinho. Sua mente já tem tanto trabalho diário para bombear sangue ao seu coração, fazê-lo respirar, manter-se atento e uma verdadeira constelação de outras funções vitais que jamais se autoestimula; nesse sentido, somente com confiança e dedicação é que os resultados irão aparecer. Observando-se por esse aspecto é possível afirmar que o preço não é baixo e que a estimulação mental jamais abre mão de vontade, dedicação, persistência e rotina. Nesse particular se aproxima dos esforços que se faz para perder peso, ganhar músculos, ampliar a condição cárdica respiratória e muito mais.

Mas, se a ideia de "preço" para a estimulação da mente se ligar a "dinheiro", a resposta é que nada se necessita gastar senão convicção na ciência e que é preciso investir apenas esforço e dedicação. O cérebro humano de forma geral e seu cérebro em caráter particular apreciam muito a persistência e, nesse sentido, se opõem a acidentalidade. Portanto, jamais se transformarão se os estímulos ocorrerem uma vez ou outra e o exercício for praticado apenas de vez em quando.

Experimente um dia, ao passar por uma sala de ginástica, movimentar por alguns segundos as barras para musculação do braço. Você acha que esses breves movimentos vão aumentar sua força física, ampliar o poder muscular da resistência ao peso? Claro que não. Apenas a persistência nos exercícios e sua progressiva ampliação e superação de desafios podem ajudar os músculos. Com a mente não é diferente.

É evidente que os exercícios são de outra natureza, mas exigem persistência e continuidade. São atividades que progressivamente vão se tornando mais complexas, tal como o esforço nas barras também evolui do mais leve para o mais pesado. Mas, pelo menos em um ponto músculos e cérebro "falam a mesma língua". Não dispensam sua decisão de mudança, não abrem mão de exercícios frequentes, cobram persistência e coerência e não impõem qualquer tipo de despesa financeira.

Atividades para ampliar o poder mental são seguramente o mais extraordinário investimento que existe: aplica-se algum tempo, deposita-se bastante confiança e muita persistência e, tempos depois, recebem-se os "lucros" admiráveis de inteligências despertas, competências seguras e talentos acordados, ou, simplesmente, poder mais, ser mais.

# 9 Homens e mulheres possuem cérebros diferentes?

Estudos recentes levam a crer que sim, ainda que as diferenças percebidas não impliquem vantagem para este ou aquele sexo.

Observado de cima e dentro da caixa craniana, a mente humana se apresenta tal qual uma maçã cortada no sentido longitudinal e, portanto, se percebem dois hemisférios: direito e esquerdo, sabendo-se que as partes do corpo situado à esquerda são controladas pelo hemisfério direito e as da parte direita são controladas pelo hemisfério esquerdo. Cada um desses dois hemisférios se divide em quatro partes, conhecidas como lobos: o lobo frontal, logo atrás de sua testa; o parietal, acima e atrás deste; lobo occipital, atrás; e o lobo temporal, mais abaixo.

As mulheres, principalmente no mundo ocidental, revelam competências mais agudas e sensíveis relacionadas a atividades do lado cerebral direito, enquanto que os homens em geral se destacam um pouco mais nas atividades específicas do lado cerebral esquerdo.

Conhecer as características funcionais de cada um desses dois hemisférios cerebrais representa uma forma de nos ajudar a compreender melhor o amplo contexto de nossas aptidões e facilidades, assim como perceber com mais clareza as manifestações de competências e talentos mais claros nos homens e nas mulheres; circunstância que, entretanto, não significa afirmar que algumas dessas aptidões não possam ser aprimoradas pela prática de exercícios, independente do sexo de quem busca estimulá-las. Em outras palavras, qualquer mulher pode aperfeiçoar suas aptidões do hemisfério esquerdo, mesmo sendo predominante nos homens, como qualquer homem pode avançar significativamente no domínio de suas competências relativas ao hemisfério cerebral direito, mesmo sabendo que elas predominam na mente feminina. Assim:

- O hemisfério cerebral esquerdo é mais analítico e simbólico, plugado em informações racionais, como as que envolvem a lógica, a matemática, as estruturas organizacionais, as sequências temporais, as abstrações e o raciocínio dedutivo. A aprendizagem se mostra mais eficiente quando realizada passo a passo, começando com informações detalhadas antes da formação de uma imagem mais ampla e completa, sempre procurando buscar as razões incutidas nos fatos apreendidos.

- O hemisfério cerebral direito trabalha e se sensibiliza de forma mais lúcida pela emoção, pelos sentimentos, intuição e espontaneidade, como também pelos devaneios imaginativos, analogias e, sobretudo, empatia. A aprendizagem caminha de uma visão ampla e geral para aspectos mais particulares, desperta capacidade para fazer muitas coisas ao mesmo tempo e com maior facilidade compreende melhor as relações, percebendo diferenças e semelhanças.

Enfatizando que essas tendências e, portanto, maiores facilidades ou dificuldades hemisféricas podem ser superadas pela educação e persistência, é interessante notar que, quando a mesma não ocorre, existem claras tendências para que os homens desempenhem profissões ligadas a maior proficiência do hemisfério esquerdo (analista, contador, cirurgião, juiz, piloto, matemático, corretor e outras), enquanto que as mulheres tendem a desempenhar funções ligadas ao desempenho do hemisfério direito (arte, esteticista, música, enfermagem, serviço social, magistério, arquitetura de interiores e outras).

Para os homens, de maneira geral, a dominância da lateralidade esquerda desperta interesse um pouco mais específico em atividades ligadas a treinamentos, lutas, ações lógicas, atividades matemáticas e sudoku, narração e planejamento estratégico, enquanto que para as mulheres áreas de interesses mais significativos se voltam à sensibilidade para a arte, trabalhos em grupo, ações comunitárias, dramatização e busca de solução de problemas ligados a empatia e intuição.

Essas diferenças hemisféricas devem ser vistas como fontes de desafio, jamais de limitação.

Mulheres que se empenham em aperfeiçoamento de atividades do lado esquerdo costumam alcançar brilho social e profissional tão expressivo quanto os homens que, se esforçando para superarem suas limitações do hemisfério direito, conquistam expressivo destaque social e profissional. Uma verdade que cada vez ganha mais corpo no universo das profissões inteligentes é que ninguém brilha mais quando revela mais talento em atividades mais carentes nos grupos relativos ao gênero a que pertence. Homens e mulheres que compreendem os aspectos mais profundos dessas diferenciações hemisféricas e que se empenham obstinadamente em vencer desafios dessas limitações cerebrais costumam, muito mais facilmente do que as pessoas que as ignoram, vivenciar estados de criatividade, entusiasmo, coragem, otimismo, senso de humor e ampla abertura para compreender mais profundamente e também os outros.

Experimente pelo menos uma vez por semana e durante pelo menos meia hora agir conforme o quadro abaixo. À esquerda, atividades para o hemisfério esquerdo (predominante no universo masculino) e à direita para o hemisfério direito.

| **O hemisfério esquerdo costuma** | *Exercícios para a mente esquerda* | **O hemisfério direito costuma** | *Exercícios para a mente direita* |
|---|---|---|---|
| Pensar com palavras. | Experimente pensar com imagens. | Pensar através de imagens. | Esqueça as imagens e busque verbalizar o que pensa. |
| Representar ideias com símbolos. | Procure pensar e conversar consigo mesmo apenas com palavras. | Projetar iniciativas sem levar em conta os riscos. | Imaginar uma situação, precavendo-se contra possíveis riscos. |
| Desenvolver atividades passo a passo. | Tentar, aos poucos, fazer várias coisas simultaneamente. | Imaginar as coisas de maneira integral. | Imagine as coisas de seu entorno de maneira segmentada. |
| Marcar o tempo para cada atividade. | Durante uma hora por dia esquecer o relógio e fazer as coisas em qualquer ordem. | Agrupar informações para chegar à ideia completa. | Buscar completar qualquer ideia com apenas algumas informações. |
| Buscar a razão para justificar fatos. | Pensar o que os outros gostariam que você estivesse pensando. | Buscar as emoções e os sentimentos para justificar fatos. | Pensar em um caso real apenas levando em conta os fatos, e não as emoções. |
| Chegar a conclusões lógicas. | Chegar às vezes a conclusões implausíveis e inimaginadas. | Chegar a conclusões imaginativas. | Pensar nas pessoas segundo o prisma "pão-pão, queijo-queijo". |
| Raramente sentir plenamente o outro em si mesmo. | Buscar olhar o mundo e o tempo pelo olhar de outras pessoas, colocando-se em seu lugar. | Sentir com intensidade os sentimentos dos outros. | Examinar fatos sem qualquer sentimentalismo. |

Uma saudável "brincadeira" cerebral e de valiosa estimulação hemisférica é quebrar a rotina e buscar alternativas desafiadoras, como pentear o cabelo ou escovar os dentes com a mão oposta ao uso comum, realizar tarefa doméstica de costas, sentar-se para fazer o que habitualmente se faz de pé e vice-versa, e muitas outras experiências excitadoras da mente.

# 10 A idade e outros fatores que devem ser levados em consideração

Se você tem quinze, vinte, trinta ou sessenta anos, a idade em que resolve iniciar a reeducação de seu cérebro é inteiramente indiferente.

A neuroplasticidade começa no cérebro ainda no ventre materno e se não sofrer interrupções por força de patologias ou traumatismos incapacitantes torna-se praticamente inalterada da infância à velhice. Essa circunstância, entretanto, não significa que essas atividades possam ser programadas para adultos e crianças. Neste livro estamos priorizando exercícios para jovens e adultos, mas no final dele há referências a obras voltadas especificamente para o cérebro infantil e adolescente. Considerando, assim, que a idade é irrelevante, descubra fatores significativos na estimulação cerebral:

- Confiança e certeza de que as mudanças em seu cérebro sejam possíveis. (O que não é possível é duvidar das descobertas da neurologia.)

• A intenção, a força de vontade e o esforço diário e persistente nesse "treinamento". (Lembre-se que seu cérebro tem muitas e múltiplas funções e que não gosta de treinar sozinho.)

• Registro cuidadoso dos progressos conquistados.

Nesse sentido é importante a elaboração de uma pequena agenda – manuscrita ou eletrônica – na qual se registra um programa de ações e mudanças observadas, por mais leves e sutis que sejam.

Existe uma tendência comum a inúmeras pessoas em minimizar degraus que superou na escalada da vida, e nesse sentido mal percebem a efetiva dimensão do seu progresso. As coisas acontecem mais ou menos como um indivíduo não acostumado a carregar pesos e que em nova função necessita dessa atividade, carregando sempre e aos poucos pesos maiores. Um dia, certamente, levantará sem grande esforço um peso que antes jamais seria capaz de erguer, e habituado pela rotina nem se dá conta de como era antes e como ficou mais forte. Nesse sentido, uma agenda que registre de maneira breve o que se fez pelo cérebro, os resultados que se buscava alcançar e os pontos a que efetivamente se chegou certamente irão revelar surpresas positivas.

O cérebro humano, como parte integrante e unida ao corpo, envelhece quando este também envelhece, mas para a nossa sorte o envelhecimento precoce dos músculos são bem mais sensíveis do que o "envelhecimento" das estruturas e redes neuronais. Um saudável "setentão", se é que ainda joga futebol, sabe que não pode fazer com a bola e seus pés o que fazia aos vinte anos. No entanto, é bem mais provável, por exemplo, que um garotão que está se iniciando nesta atividade cerebral seja vencido em uma partida de xadrez por um velhote que sempre praticou esse jogo. Mas para os músculos e os neurônios há uma mesma lição: use-os ou lamente sua perda.

# 11 Quanto tempo por dia é suficiente?

Não muito. De 10 a 15 minutos diários, desde que ocupados com integral atenção, são suficientes. Mas, além desses minutos, procurar, sempre que possível e junto às atividades do dia a dia, o reforço desse exercício. Mais ou menos como a pessoa que reserva uma hora a cada três dias para atividade aeróbica e que, depois, em todas as oportunidades que se oferecerem preferir subir uma escada ao invés de usar elevador, fazer um alongamento discreto na hora do cafezinho e, assim, reforçar exercícios e alongamentos da sala de ginástica, acentuando seus resultados.

Você teve a oportunidade de verificar em páginas anteriores uma série de exercícios para a estimulação do hemisfério cerebral direito (principalmente para os homens) e do hemisfério cerebral esquerdo. Nos próximos capítulos, para outras finalidades mentais, outros "exercícios" serão propostos como estímulos ligados à cognição. Leve em conta essas baterias de exercícios e os encare mais ou menos como você encararia exercícios musculares e alongamentos diversos, alguns para determinados grupos de músculos e outros para outros.

Procedimento análogo também deverá ser adotado em relação ao cérebro, e tal como acontece com o aspecto corporal, em relativamente pouco tempo você perceberá significativa diferença, principalmente se mantiver atualizada sua agenda. Alguns especialistas costumam chamar esses exercícios de "neuróbicos", neologismo associado a "neurônio" – células cerebrais excitáveis e que, reagindo a estímulos recebidos, os conduzem e expandem – e a "aeróbica" – que se refere a exercícios físicos.

Em resumo, sua idade não importa; ser mulher ou homem para a estimulação cerebral é irrelevante; o preço gasto para a estimulação é ínfimo; finalmente, o tempo a ser dispendido é muito pequeno. Estas são razões mais do que suficientes para não deixar para amanhã o início de seu programa de estimulação da mente. Embora todos os exercícios e estímulos possam ser praticados individualmente, em inúmeros casos o enriquecimento mental é mais significativo quando pode ser praticado com duas ou mais pessoas, possibilitando, assim, a troca de experiências, o compartilhamento de resultados e o entusiasmo pelo progresso.

# 12 A importância da persistência e o valor de um projeto

Provavelmente você conhece a expressão popular "chover no molhado". Ela significa repetir o que já se falou; comentar mais vezes o que já é sabido. Habitualmente esse aforismo costuma estar ligado a "chatice", e alguém é acusado de estar fazendo "chover no molhado" quando repete o que não precisaria mais ser repetido. É por isso que este breve capítulo pede desculpas por "chover no molhado" e destacar o que antes já se falou. Mas, pode ter certeza: existem razões muito fortes para essa "chuva" que o capítulo propõe.

O seu cérebro é como a cabine de comando de uma aeronave e que a controla por inteiro. Nesse sentido, jamais descansa para fazê-lo respirar, sentir fome, caminhar, pulsar e tudo mais que caracteriza a vida. É, portanto, um centro de operações com múltiplas responsabilidades, e sua meta é essencial para mantê-lo vivo e, assim, atento aos perigos. Não está preocupado e não pode se preocupar em se autoestimular, razão pela qual você é quem deve provocá-lo, produzindo estímulos. Como já se disse antes, os estímulos somente se traduzem em mudanças significativas quando praticados com persistência, repetidos com intensidade. Por exemplo: aquele seu amigo, que antes jamais precisava usar mentalmente a tabuada acabou de arrumar uma nova função em que a toda hora precisa "fazer cálculos de cabeça", sofre no princípio, mas depois de algum tempo reage como se tivesse engolido uma calculadora. Isso também vale para os mais diferentes tipos de estímulos com os quais você pretende ampliar o poder das suas inteligências.

Repare que a expressão "chover no molhado" é tão antiga e popular quanto a expressão "água mole em pedra dura", mas enquanto a primeira exalta a chatice da repetição, a segunda ensina que melhor aprende quem exercita e treina mais vezes. Isso vale admiravelmente para os estímulos cerebrais. Assim, não deixe de organizar algo como um "programa" de atividades.

Tenha sempre na lembrança ou na agenda para cada dia as atividades que programou. Insista em desenvolvê-las com persistência e disciplina.

A persistência e a disciplina em atividades aeróbicas e em um regime alimentar leva-o à perda de peso, e o registro da balança mostrando seu sucesso é um aplauso que você dá a si mesmo e a seu esforço. Para o cérebro, entretanto, não existem balanças, não se inventaram fitas métricas, mas nem por isso a repetição e a persistência nas atividades neurônicas deixarão de transformá-lo para melhor.

Lembre-se que, quando você, depois de um regime e atividades aeróbicas, perde peso, o mesmo pode voltar com um descuido. Isso não acontece com o cérebro. É verdade que não existem balanças para registrarem seu sucesso, mas não é menos verdade que todo progresso perdura muito e em certas situações para toda a vida.

# 13 Mentes e talentos de um profissional imprescindível

Não existem dois cérebros absolutamente iguais. Isso você já aprendeu e, de novo, se volta a "chover no molhado". Sabe que essa "máquina" fabulosa que carrega sob o pescoço possui tantos e tão diversificados componentes que seria impossível cópia perfeita. Além disso, cada dia que se vive se aprendem coisas novas, se processam novas informações e, devido a essa fantástica plasticidade, a originalidade de cada mente torna-a incomparável. Afinal, não há ser humano que não tenha sua história, e ainda que envolvido por rotinas não deixa de estar aprendendo coisas novas a todo instante e tornando-se, assim, cada vez mais original a cultura de sua mente.

Tudo isso, entretanto, não significa que não se possa conquistar um novo tipo de cérebro que integre diferentes talentos e que estes sejam os mais requisitados pelo mundo corporativo ou essenciais para quem deseja capitanear seu próprio negócio. Neste capítulo serão descritas categorias de mentes e talentos que, quando se manifestam em uma mesma pessoa, levam-na para o sucesso e a empurram para conquistas muito além dos limites de seus sonhos.

Certamente você possui todas as mentes aqui descritas – qualquer pessoa as possui –, mas não percebeu que pode aperfeiçoar (e muito) seus talentos mais fracos, tornando-se tão competente quanto os mais fortes, e que essa dedicação não é apenas possível, como é plausível. É natural que ao perceber as descrições elencadas a seguir você identificará seus talentos mais ou menos acentuados, mas encare essa diferença como desafio.

Um grande craque no futebol, por exemplo, pode ser genial no drible com o qual se livra de seu adversário, mas será ainda mais craque se mostrar capaz de um "chute mortal", mostrar-se insuperável nas cabeçadas e planejar jogadas que nem mesmo os mais experientes locutores esportivos são capazes de narrar. Tenha a certeza de que todos os talentos apresentados fazem parte de sua identidade. Verifique os mais fortes e mais distantes e se esforce para ser admirável em todos. Releia mais uma vez a "Entrevista para um emprego" que serviu de introdução e perceba que você pode ser mais ou menos igual àquele entrevistado, e essa será a sua história futura.

### Tipos de talentos profissionais imprescindíveis

• *Mente e talento organizados.* Este tipo de talento pode ser percebido em alunos que passaram pelos ensinos Fundamental e Médio e neles obtinham notas boas em todas as disciplinas e, assim, compreendiam a abrangência específica do currículo escolar como sendo uma só expressão de sabedoria, ainda que separada por campos diversos. O talento organizado sabe perceber claramente as distinções, como que colocando cada uma delas em seu devido lugar, diferente de quem parece misturar ideias e não perceber em cada uma sua identidade.

O talento organizado se destaca, em um modelo prático, como quem possui habilidades organizadas e em pouco tempo se ajusta e jamais se sente "peixe fora d'água" nos novos ambientes que passa a conhecer. São pessoas metódicas e de cultura abrangente, jamais como acúmulo de saber, mas como conteúdos que se integram plenamente.

Extremamente organizados, sabem administrar o tempo, conhecem o lugar de cada coisa e, dessa maneira, nunca se atropelam por excessos ou pelo tédio. Mantêm suas coisas em ordem minuciosa e de maneira coerente, sabendo separar momentos de trabalho e estudo com outros de lazer e distrações. No mundo do trabalho, quando assumem novas funções, compreendem que é essencial mudar seu ambiente relacional e sempre parecem "cair como uma luva" em funções diferentes.

• *Mente e talento objetivos.* Saber perceber em diferentes situações o que é primordial e o que é dispensável, dominando de forma compreensiva e abrangente a capacidade de síntese, caracteriza o talento comum em uma mente objetiva. Capazes de integrar ideias diferentes com facilidade essas pessoas mostram facilidade para articular diferentes fontes informativas em um todo uniforme. Quando resolvem desenvolver um projeto, fazem-no com segurança e firmeza, sem hesitação. Quase obstinadas pela disciplina interior, seguem seu caminho percebendo a identidade de cada pessoa e sugerindo o lugar correto e a hora certa para cada ação.

• *Mente e talentos empreendedores.* Talentos empreendedores são marcantes em pessoas que se destacam por ideias novas, como também por proposições e soluções interessantes sobre as quais ninguém havia pensado. Desafiadas por uma mente inquieta, estão sempre pensando em problemas para buscar soluções, lendo livros de ficção, antecipando seu final e, em alguns casos, imaginando-os ainda mais criativos e envolventes do que seu autor. Todo talento empreendedor é criativo, mas sabe que essa "inspiração" é qualidade que se busca, força que se aprimora.

• *Mente e talentos interpessoais.* Eles são marcantes em pessoas capazes de sentir plenamente os outros em si mesmo e, nesse sentido, não compartilham com estereótipos e preconceitos comuns ao seu ambiente. São pessoas que muitas vezes parecem pensar mais nos outros do que em si mesmas e que podem sentir com toda intensidade a alegria ou a dor das pessoas com as quais convive, percebendo que pessoas diferentes não são necessariamente as mais certas ou as mais erradas. Pouco egoístas, mostram-se felizes em ajudar, amparar, acolher e receber. Mostram procedimentos de quem sabe assumir diferenças e, respeitando-as, as aceita sem limitações.

• *Mente e talento morais*. Característica marcante de pessoas que olham a vida pelo prisma da justiça e que se sentem desconfortáveis quando percebem que esta não é praticada integralmente. Acreditam que todas as pessoas possuem um lugar e um papel, com irrestrita dignidade, e precisam agir de forma coerente e consciente. Jamais acreditam em "meia bondade" ou "meia honestidade" e, portanto, a linha ética com que olham os outros busca encontrar a correção, a justiça, a integridade e a dignidade, sentindo-se revoltadas em relação àquelas pessoas que se deixam levar por subornos ou que não parecem se incomodar com as veleidades humanas.

Concluída a síntese sobre os talentos essenciais ao profissional imprescindível, e que os próximos capítulos aprofundarão, observe que não existe impedimento para que todas estas qualidades se manifestem em uma só pessoa.

Possuir uma mente organizada, metódica e que gosta da disciplina, sabendo separar com clareza o certo do errado, o essencial do supérfluo, não impede uma consciência lúcida e um poder de síntese abrangente, com capacidade de perceber ao mesmo tempo o todo e os detalhes. Essas qualidades não interferem e não se contrapõem às ideias criativas, busca da originalidade, capacidade de resolver problemas, de antecipar soluções e nem mesmo com o poder da empatia e a capacidade de sentir o outro, acolhendo-o com suas diferenças, e ainda se completando com a força moral de quem é plenamente íntegro consigo mesmo e com os outros.

Veja que no mundo dos negócios, na arte e no esporte, pessoas com talentos múltiplos e abrangentes integram qualidades diferentes. Mais ou menos como a boa feijoada na qual cabe um pouco de tudo e essa mistura a faz deliciosa.

# 14 Como conquistar e aperfeiçoar talentos organizados?

Pense que você dispõe de dez minutos para memorizar uma centena de palavras. Entre estas: VERDE, MAMÃO, ALICATE, GRAVATA, AZUL, MELANCIA, CAMISA, PINÇA, MARROM, GOIABA, LENÇO, MARTELO... Como a tarefa lhe parece: Fácil, média ou difícil? A maior parte das pessoas a considera difícil, os que possuem uma memória "privilegiada" a considerarão de dificuldade "média". Fácil, jamais.

Imagine agora uma nova situação. Você é solicitado a memorizar uma centena de palavras. Recebe a seguinte informação: **CORES**: VERDE, AZUL, MARROM... **PEÇAS DE ROUPA**: GRAVATA, CAMISA, LENÇO... **FRUTAS**: MELANCIA, MAMÃO, GOIABA... **FERRAMENTAS**: ALICATE, MARTELO, PINÇA... A tarefa ficou bem mais fácil.

Repare que na primeira e na segunda oportunidades o desafio era praticamente o mesmo, com as mesmas palavras.

Mas a tarefa mnemônica se viu facilitada quando as palavras foram organizadas em grupos ou categorias. Na primeira oportunidade seu cérebro se esforçaria para lembrar palavras soltas, esparsas e, certamente, se esqueceria de muitas. Na segunda, ao se lembrar da categoria em que as palavras foram organizadas (cores, peças de roupa, frutas e ferramentas) tudo se tornou mais simples.

**Qual a diferença entre o primeiro e o segundo exercícios?**

A resposta é simples. No segundo foi criado um "método" para memorizar, e este (organizar as palavras em grupos) simplificou a tarefa. Este exemplo destaca como um método é essencial e por que talentos "metódicos" ou "disciplinados" disparam à frente de concorrentes diante dos desafios do mundo corporativo.

É evidente que algumas pessoas têm maior facilidade do que outras em organizar seus pensamentos e as informações de que necessitam em seu trabalho, mas verdade ainda mais indiscutível é que podemos treinar nossos talentos para pensar sempre de maneira metódica ou disciplinada. Em sua origem etimológica a palavra método significa "caminho", e para nossa mente assumir pensamentos metódicos ou disciplinados precisa ter achado um "caminho" para melhor pensar, para mais facilmente se destacar.

Nove em cada dez executivos de sucesso canalizam seus talentos para um método e pensam nas coisas que necessitam pensar, organizando-as sempre. Assumir essa consciência mental não é fácil e também não é rápida, mas com esforço e dedicação os resultados aparecem.

Comece por pensar de forma disciplinada em coisas de sua vida e classifique-as como no exercício anterior. Vá aos poucos pensando organizacionalmente outros assuntos e, com dedicação e em relativamente pouco tempo, será um profissional mais requisitado, despertará aplausos por essa capacidade de lembrar-se de tudo, separar racionalmente o essencial do dispensável, a prioridade daquilo que é secundário, o imediato do que pode esperar mais um pouco. A mente disciplinada trabalha mais e se cansa menos, pois esse método sugere um foco, ensina um caminho.

Imagine, por exemplo, um executivo que é promovido e assuma novas funções. Se não pensar de forma disciplinada continuará o profissional de antes em nova função e, com mais dificuldade, se ajustará ao papel que assumiu e que implica mudança na estrutura organizacional de suas atividades e das relações interpessoais anteriores. Continuará, é claro, amigo de seus amigos, mas como "chefe" necessitará compreender novas dimensões nessas relações de amizade.

Pense também em um executivo com a incumbência de passar instruções a seus subordinados e imagine essas informações mal-organizadas, acumuladas de forma caótica... Não será difícil imaginar os resultados. Ficará com a sensação de que falou ao vazio, provavelmente responsabilizará os ouvintes sem se dar conta que falou muito e comunicou pouco.

Outra qualidade importante de se cultivar talentos, para que estes se façam organizados, é que, assim pensando, sempre se estará mais próximo de outra qualidade exponencial no mundo dos negócios. Ou seja, quem pensa de forma disciplinada mais facilmente "contextualiza" o que transmite, as ordens que prescreve.

Contextualizar? O que isso significa? Quem pensa de forma contextualizada sempre conecta assuntos a outros assuntos, sempre traz para a realidade em que vive as ideias que surgem. Para talentos contextualizados não existe pensamentos soltos, e os fatos que precisam saber sempre se organizam como uma rede na qual assuntos se ligam a assuntos, ideias geram novas ideias. Um erro amargo de nosso ensino se percebe em alguns professores que "jogam" os conteúdos de suas matérias sem os organizar, sem ligar caso com caso, sem trazer o que se ensina ao mundo que nos cerca, ao tempo em que vivemos. De nada adianta saber operações matemáticas se estas não nos ajudam a solucionar problemas do dia a dia; de nada adianta aprender regras gramaticais e não empregá-las nas conversas, explanações, paqueras e tudo mais. Perceba, assim, que a contextualização é irmã gêmea da organização e que organização é outra maneira de destacar a disciplina. Não se esqueça de que a disciplina para o corpo é importante e a disciplina mental é essencial. Aprenda, a seguir, algumas regras ou "dicas" para habituar seus talentos a uma postura metódica ou disciplinada. Aprenda e comece a praticar imediatamente, associe a aprendizagem à competência. "Aprender" rima com "fazer".

### Identifique o essencial e o secundário

Toda ordem e instrução a serem seguidas e informação ou conteúdo a serem assimilados costumam nos chegar de maneira bem mais ampla e detalhada do que necessitamos. É natural que seja assim, pois a informação destina-se a públicos e talentos diferentes e nesse sentido procura ser o mais completa possível. Talentos disciplinados sabem separar na informação que acolhe os tópicos mais importantes, o "miolo" da informação, o que mais lhes interessa. Assim, selecione e destaque o essencial e, se necessário, descarte o que para seus propósitos é secundário ou periférico.

### Pense na importância do tempo, dedicação e exclusividade

Apenas "dar uma olhada", encarar uma informação de maneira superficial, não mergulhar com dedicação integral a um conteúdo costuma ser a causa maior de gafes imperdoáveis, falhas operacionais de consequências desagradáveis. O cérebro humano possui uma tendência irresistível de olhar sem ver, colher a informação por alto e seguir em frente. Desafie seu cérebro, ensine-o a se dedicar a cada mensagem recebida, mesmo que gastando um tempo a mais e focando a razão essencial da mensagem, nem que seja para descartá-la ao perceber que se distancia do que necessita. Tudo quanto vale a pena conhecer merece ser conhecido em profundidade, pelo tempo que for necessário e com a exclusividade de quem se coloca por inteiro no que é essencial nessa informação.

## Alterne para os mesmos fatos linguagens diferentes

Uma mente disciplinada jamais olha um conteúdo por um enfoque único. Pense em uma mensagem qualquer e descubra que ela pode ser transmitida por um telefonema, um texto, um desenho, uma fotografia, algumas vezes um mapa ou um croqui, em seu sentido direto ou inverso e outras vezes transformando prosa em verso ou verso em prosa. Essa visão abrangente e essa perspectiva de descobrir nas informações que acolhe ou que transmite as múltiplas linguagens ajudam a memória e enriquecem o envolvimento mental.

Acostumar seu cérebro a perceber linguagens divergentes e pensar temas importantes de um mesmo assunto significa disciplinar a mente para o essencial e perceber as muitas formas pelas quais a realidade pode ser compreendida. Como treinamento inicial imagine um fato marcante em suas emoções e lembranças e conte-o para si mesmo usando linguagens diferentes, inteligências múltiplas. O verdadeiro sentido de "compreender" envolve a perspectiva de expressar essa compreensão de muitas maneiras. Habitue-se a essas alternativas, tornando seus talentos bem mais disciplinados.

## Seja fiscal de si mesmo no cumprimento de um programa

Talentos disciplinados são sempre procurados, mas essa qualidade não é inata. Mas como esta é apreendida, lute para habituar sua mente a essa ação treinando sempre, jamais se acreditando "formado" nessa competência, transformando-se em fiscal de si mesmo nas atividades que programa. No momento em que seu cérebro sentir que vai levar uma bronca de si mesmo por negligenciar a hora marcada para o treino, aprenderá a respeitá-lo mais e você crescerá em sadio orgulho e autoestima.

### Respeite os limites físicos de sua mente

Mas, cuidado; não exagere! Respeite os limites naturais da exaustão. O início de uma atividade que visa mudar a mente não abre mão de um início ritualístico, ações profundamente internalizadas. Mas saiba ouvir a voz do cansaço, respeite a limitação da fome, da sede e do sono. Uma coisa é a deplorável "pena de si mesmo" marcada pela indulgência da manha. Isso é coisa de mente imatura, mas a maturidade mental sabe que temos limites e aprende a respeitá-los.

Após algum tempo dedicado a uma tarefa que exige sua plena concentração, saiba parar por minutos, desligar-se do tema e converse com você mesmo fazendo nascer a criança que sempre se encontra aprisionada em nosso consciente.

Divague pensando sobre o que o faz feliz, do que tem medo, o que espera do amanhã... e nesses breves momentos você está desacelerando sua cabeça, afrouxando sua concentração e descobrirá que pensar também exige cuidado no inspirar e no expirar. Em certas circunstâncias essa pausa pode até mesmo abrir espaço para um tempo em que se escreve sobre os pensamentos e os sonhos. Após essa pausa em respeito aos seus limites você estará pronto para voltar à luta.

# 15 Como conquistar um talento interpessoal?

Pense em um corpo humano ou animal. Se preferir, pense em seu corpo e se interrogue sobre a parte dele que é a mais importante. A palavra "importante" deve ser mais abrangente do que a parte "vital". Algumas das partes de seu corpo são essenciais à vida e perdê-las significa morte. Ninguém vive sem o cérebro, o coração e outros órgãos vitais.

Mas, em relação às partes "importantes" do corpo, quase todas são. Você venderia um dedo? Um olho? Um braço? Não importa a resposta que dará a estas questões, mas, mesmo que admita vendê-las, ainda assim cobraria alto preço, pois podemos até viver sem um órgão, mas isso não o torna essencial.

Essa imagem de "corpo" nos ajuda a compreender o sentido da palavra "corporativa", e o talento corporativo emerge de forma admirável em pessoas que possuem o admirável sentido de "colmeia" e que compreende que em nenhuma organização (familiar, religiosa, empresarial, escolar etc.) existem pessoas de primeiro e pessoas de segundo escalões. Obviamente existem cargos de comando e de chefia, podem até ser cargos "vitais", mas na são mais nem menos importantes do que a coletividade, do que o grupo, do que o corpo visto de forma integral. Evoluir na direção de talentos corporativos implica renúncia a essa tão comum visão exclusiva, essa tendência em achar que a pessoa humana – qualquer pessoa – possa ser enquadrada em categorias mais ou menos importantes.

O talento corporativo é, assim, capaz de compreender a diferença entre as pessoas, identificar seus grupos, mas incluí-las, todas, sem preferências, sem hierarquia, mostrando-se eficiente em compreendê-las, sentindo-as plenamente em si mesmas. Não se trata de modismo ou de compaixão, mas da confiança de que se vive fase imperfeita na história da evolução humana, e que esta nos encaminhará para sentimentos de que a humanidade inteira é um corpo só.

Evidentemente, a conquista desse talento não é fácil, ainda que a história humana registre exemplos admiráveis de pessoas que o exerceram em sua plenitude. Cristo e Gandhi são referências mais lembradas, mas antropólogos e arqueólogos que se debruçaram sobre o pertencimento humano sempre destacaram a força da separação, a vontade de se criar hierarquias. É importante que se respeitem essas dificuldades, mas nem por isso deixar de se esforçar constantemente para superá-las, senão no plano mundial – que certamente irá demorar –, mas ao menos no círculo das pessoas que compõem os grupos em que se vive. Assumir talento coorporativo é fazer da ética a própria verdade e da solidariedade uma perspectiva de vida.

Mas o sentimento de acolhida e o esforço para não destacar seres humanos pelo seu legítimo direito de ser "diferentes" possuem limites. O sentimento ético deve acolher a humanidade plena e, nesse sentido, jamais acolher quem vilipendia essa própria humanidade, como os assassinos, terroristas, psicopatas e outras formas de degradação.

Mas, como desvestir-se dessa roupagem antiquada da segregação, preconceito e exclusivismo para que se possa ampliar as aptidões éticas e usufruir do talento interpessoal? Para que isso aconteça se esforce para:

*Compreender que você é protagonista de um novo tempo*

Poucos analistas da contemporaneidade mostram com tanta clareza como Zygmunt Bauman a modernidade líquida que atualmente vivemos: mundo repleto de sinais confusos, propenso a mudar com rapidez e de forma imprevisível.

Antigamente as instituições se mostravam sólidas, e nesse sentido possuíam formas compreendidas. O governo, a política, a família, a empresa, a profissão e até mesmo a religião podiam ser explicados por sua estrutura definida e, tal como bloco de granito, eram passíveis de quebrar, sem perder o formato natural. Mas, o que era sólido em líquido se transformou, e tal como a água que assume o formato do vasilhame que a acolhe, todas as entidades elencadas e outras possíveis de se imaginar assumiram ou estão assumindo a fluidez de múltiplos formatos. Nos dias que correm são outros os conceitos de governo, política, família, empresa ou profissão que assumem a plenitude de infinitas formas diferentes, conforme o formato do espaço ou o vasilhame a partir do qual se manifestam. E ao se olhar a Modernidade dessa forma se destaca a indiscutível importância de aperfeiçoar talentos para o mundo que nos cerca e para o futuro incerto que se aproxima. Nunca como agora exercitar-se em competências interpessoais representou desafio tão importante para se vencer.

*Fazer ao outro o que aspira que o outro nos faça*

Nada no pensamento humano é tão antigo e ao mesmo tempo tão moderno como este pensamento. O imenso valor de olhar o outro como desejaria ser olhado está consolidado nos ideais de Cristo e de Buda, consta do Alcorão e dos livros sagrados da antiga Índia, mas ainda está para se construir o novo homem e a nova mulher que fazem dessas palavras uma lição para seguir, se não sempre, mas, pelo menos, nos novos pensamentos que é preciso acolher e cultivar. Mais, ainda mais importante, é fazer ao outro o que realmente ele gostaria que fosse feito.

*Ouvir sempre nossa voz infantil*

Quando crianças, ao encontrarmos um "amigo" em pouco tempo nos esquecíamos das diferenças de idade, cor, aspecto físico ou condições sociais. Nascemos puros na inclusão de todos e amplos na aceitação integral. São os adultos que, pouco a pouco, e com a intenção de nos educar, vão transmitindo seus preconceitos, inoculando-nos de suas crenças separatistas. Procure voltar a ser o que já foi, ouça essa criança que sempre está à sua espera dentro de você.

*Usar o pensamento para mudar de atitude*

Não creia que é possível estar sempre certo, não deseje estar certo em tudo. Encare com alegria e bom humor sua condição de falibilidade, não tenha receio de expor suas limitações. Não como quem se queixa ou abriga o torpe sentimento de pena de si mesmo, mas com a digna grandeza e o saudável bom humor de saber-se humano e compreender as limitações de sua própria humanidade. Somente as crianças e os verdadeiros sábios sabem rir de seus próprios erros. Dizer com sinceridade "desculpe-me, o erro foi meu" não desmerece ninguém.

*Transformar o espaço que nos acolhe em escola*

Assumir pensamentos de acolhida, compreender a plenitude e a beleza da diversidade, olhar as pessoas pelo que são e pensam, não pelos adereços com que se enfeitam, e assumir postura ilimitadamente ética ao pensar e agir é importante, mas ainda é pouco. Sempre que possível e com bom-senso para escolher a hora, não hesite em pregar com paciência, mas persistência, os sentimentos de grandeza que abriga em seu coração.

*Não se esquecer que é efêmero*

Na Antiga Roma dos palácios imperiais constituía um ato de homenagem a todo general vencedor de importante batalha colocá-lo na periferia da cidade à espera da biga, veículo que deveria levá-lo ao Senado para receber a justa homenagem. Esse percurso, anunciado com alarde, era aguardado pela população romana, que cercava a estrada, assistindo e aplaudindo a passagem do herói. Fazia parte do protocolo que ele fosse acompanhado de um escravo que a cada momento necessitava lembrá-lo: – Não se esqueça de que você é mortal.

Mais do que episódio histórico, esse fato ressalta que nada é mais justo do que o aplauso para quem vence. Ninguém é mais merecedor de elogio do que a pessoa que soube vencer-se a si mesma, vencendo seus inimigos e fazendo-se herói. Mas, tão importante quanto sentir a grandeza do momento é essencial não se esquecer de que somos humanos, somente humanos, e como tal somos efêmeros. É lição imperdível e se ajusta ao essencial controle da vaidade dos que se superam e vencem. Vencer é bom, e nada é mais justo do que receber cumprimentos, mas nessas horas é importante que vejamos ao nosso lado um humilde escravo nos lembrando de que o sucesso é efêmero e que os aplausos terminam. Conquistar pela dedicação e esforço talentos essenciais é uma "ginástica" que vale a pena e que é reconhecida profissionalmente, mas que jamais nos esqueçamos de que somos mortais.

*Um nome é o nome*

Para qualquer pessoa, seu nome próprio é a marca mais visível de identidade, um ponto de honra em sua singularidade.

Assim, procure saber o nome das pessoas com as quais convive e não se envergonhe de anotá-lo em pequena agenda secreta e consultá-lo periodicamente. Também procure se lembrar de todos os nomes que puder e dê a cada pessoa toda a dimensão de sua identidade.

Lembre-se dos nomes de todos com os quais convive e dos nomes que lhe são caros, mesmo que essas pessoas se esqueçam do seu.

# 16 Como conquistar um talento empreendedor?

Uma das "revoluções" trazidas pelo significativo avanço nos estudos do cérebro humano foi se derrubar a ideia, até então comum, de que o empreendedorismo e a criatividade constituíam talentos inatos, algo que nascia com a pessoa e com ela morria. Hoje já não mais se pensa dessa maneira, e embora seja admissível que pessoas possam nascer com propensão maior ou menor ao talento empreendedor, sabemos que isso é fruto essencial do ambiente e do treinamento.

Nenhuma pessoa pode se considerar uma nulidade em criatividade, a não ser que faça dessa crença uma tola convicção e que não se disponha a mudar. Tanto isto é verdade que em alguns países do Hemisfério Norte algumas escolas desenvolvem "laboratórios de criatividade" nos quais o potencial empreendedor possa ser estimulado e desenvolvido. Essas experiências concluem que o desabrochar do talento empreendedor aflora com intensidade quando há interação de três elementos:

1) A pessoa que, tendo dominado alguma disciplina ou mesmo um conceito significativo, está sempre criando variações nesse campo, alternativas para sua ampliação ou solução de eventuais problemas.

2) O ambiente cultural no qual essa ou essas pessoas trabalham ou estudam e trocam sistematicamente ideias sobre o que percebem e descobrem.

3) O meio social caracterizado por pessoas ou instituições que proporcionam experiências educacionais relevantes, bem como oportunizam a materialização das novas descobertas.

Uma tarefa inútil é tergiversar sobre a importância do talento empreendedor. Onde quer que ele se manifeste com intensidade são descobertas organizações que, tal como faróis de carro à noite, passam pelo asfalto, mas sempre visam um ponto à frente. Às mentes empreendedoras devemos tudo quanto nos encanta e fascina: de soluções médicas antes jamais pensadas para resolver problemas de saúde (como a percepção sobre a estrutura do DNA) até o campo tecnológico, que faz o mundo se transformar como jamais se imaginou antes. Se o talento criador já era excepcionalmente aprovado no passado, hoje o aplauso se manifesta de forma ainda mais intensa, quando a criação é cultivada, valorizada e vista como parte insubstituível do tecido social.

Alguns princípios essenciais para "acordar" a força de talentos criativos:

*Liberte a criança que se aprisiona em você*

A curiosidade infantil jamais deveria morrer e realmente nunca morre em pessoas empreendedoras e criativas. Talentos criativos fazem perguntas sobre tudo, até compreender.

Nas reuniões na empresa, no café com os colegas, em encontros com amigos pessoas verdadeiramente criativas vivem perguntando e fazem do que aprendem uma usina de novas ideias, sempre imaginando maneiras diferentes de resolver problemas.

Mesmo quando solitários, a caminho do serviço no volante de um carro, em um banco de metrô... vão pensando que mudanças fariam nisto e naquilo, de que forma podem empreender uma nova ideia, uma nova organização, uma nova empresa. A curiosidade é mãe da criatividade e irmã do entusiasmo, do destemor e da abertura, e como nem sempre a memória registra ideias criativas, quem as tem anota tudo, registra tudo. Depois de algum tempo até pode abandonar uma das ideias que teve ou mesmo muitas, mas se para nada essas ideias valeram, foram úteis para treinar a mente e para acordar o talento empreendedor que existe em cada adulto que sempre sabe acessar seus pensamentos infantis. Freud afirmava: "Quando eu era jovem as ideias vinham a mim; à medida que envelheço tenho que encontrá-las no meio do caminho".

*Busque sempre pensar de forma desafiadora*

Todo talento criativo sabe se cercar de talentos iguais e, por isso, anima amigos, colegas, parceiros para, em muitos momentos, "brincarem" de pensar ideias não pensadas. Sugira para alguns momentos de devaneio a brincadeira de reformar o que já está bom, de sugerir o que fariam nesta ou naquela situação. Invente problemas para pensar respostas, acolha com entusiasmo desafios. Se sobrar algum tempo, resolva palavras cruzadas, aprenda e pratique sudoku e anime colegas a competirem com você, invente letras diferentes para canções conhecidas, imagine pratos que misturam o que jamais se misturou. O cérebro não se desafia sozinho, mas responde com vigor quando costuma ser desafiado.

*Prêmios para novas (e boas) ideias*

Algumas grandes organizações europeias e principalmente norte-americanas concedem prêmios para boas ideias que podem melhorar este ou aquele aspecto da organização. Proponha que essa iniciativa seja realizada no local em que trabalha, mas dê sugestões que possam melhorar o volume de vendas, as relações interpessoais na empresa, a pequena economia que se torna vigorosa com eventuais mudanças de hábitos...

Caso tenha seu próprio negócio, abra espaço acolhedor para ideias novas, proponha concursos e prêmios para quem puder sugerir mudanças, não creia que tudo quanto possa ser feito de novo já tenha sido pensado.

*Brainstorming*

Além de prender papéis, o que mais pode ser feito com um clipe? Que utilidade pode ser dada a uma lâmpada queimada? Como promover bronzeadores usando obrigatoriamente a palavra matagal? Que usos diferentes são possíveis com um simples elástico?

Desafios como esses são exemplos de uma importante estratégia para o desenvolvimento da criatividade denominada *Brainstorming* (tempestade mental), e muito comum em escolas desafiadoras dos Estados Unidos. Representa uma estratégia de estimulação cerebral que exalta a proposição de ideias aparentemente sem sentido, mas que, aos poucos e com a cooperação do grupo, vão sendo mais bem-elaboradas e, dessa maneira, instigando novos pensamentos, exaltando a criatividade.

Atualmente, poucos locais de trabalho se autodenominam "berços da criatividade", mas paradoxalmente exaltam talentos que demonstram essa arte e sabem que esse potencial não é de natureza genética, senão fruto de persistência, de "teimosia" positiva de pensar o que antes jamais se pensou. Se não são comuns, por que não implantarmos em nosso entorno esses berços?

Pesquisas recentes com empresários que encantaram o mundo com seus talentos criativos mostraram que existem pontos em comum entre eles, e esses pontos podem ser cultivados no treinamento sistemático. São os seguintes.

- *Conhecem-se a si mesmos.* O autoconhecimento é estratégia essencial para a ambição de prosperar, mas são levados a esse estado de autoconhecimento porque o ambiente em que vivem propicia estratégias e oportunidades permanentes de autoavaliação do potencial criador.

- *Possuem acentuada autoestima.* A autoestima é produto do orgulho que sentem de si mesmos. Porém, essa qualidade também não surge de maneira espontânea, mas vem como fruto de atividades nas quais se praticam experiências criativas.

- *Apresentam um projeto de vida, embora sempre admitindo que é preciso reformulá-lo.* Possuem acentuado senso de organização, como também da compreensão da importância de planejar e seguir as linhas desse planejamento.

- *Compreendem e vivenciam o sentido de "coletividade" e sabem trabalhar em equipe, vencendo sentimentos de egoísmo e evoluindo na habilidade para lidar com conflitos interpessoais.*

- *Aprendem a ser bons ouvintes e aprimorar sempre a capacidade de comunicação em relação às pessoas e aos grupos.*

- *São competitivos, mas sem perderem o sentimento ético. Competem consigo mesmos para se superarem ou competem* com *os outros, jamais* contra *os outros.*

# 17 Como fazer uso dos talentos para ampliar as relações interpessoais?

O mundo em que vivemos é um fantástico espetáculo de diversidade. São mais de duzentos países, uma divergência linguística infinita, milhares de organizações ou grupos que buscam as mesmas coisas por caminhos diferentes; enfim, mais de sete bilhões de seres humanos que possuem apenas a mesma "casa" (o Planeta Terra) para morar e que têm a responsabilidade de, ao deixá-la, garantir que a multidão dos ainda não nascidos a encontrem em condições plenas de vida e anseios de prosperidade.

Isto é seguramente complicado, e diante de tão grande desafio ou fingimos que nada temos com esse momento, e fechados em nossa alienação ou egoísmo nos preocupemos apenas com nosso próprio umbigo, ou assumimos com ousadia e coragem que é chegada a hora de aperfeiçoar nosso talento em superar ambições particulares, viver sem ódio, sem anseios de matar e machucar quem quer que seja diferente do que somos; enfim, disciplinar nossa ação interpessoal.

Embora essa ideia pareça utópica para muitos, já se mostra presente nas missões de grandes empresas e constituem ponto de prioridade na seleção de talentos e na existência de novos profissionais. Não é nada fácil conquistar uma mente disciplinada para acolher relações interpessoais sem egoísmo, mas é essencial para cada um de nós, para cada grande organização profissional, para o planeta. É por essa razão que, se talentos organizados, objetivos e empreendedores são importantes, a eles devem se juntar, com imensa força, os talentos interpessoais. É essencial que vençamos dentro de nós mesmos ideias superadas de oposição ao outro e que em seu lugar se coloquem outras ideias que permitam aperfeiçoar nossa mente relacional. Fomos alunos de escolas que não nos preparam para a vida em grupo, não nos ensinaram a conviver e exaltaram a competitividade, mas agora fomos atirados a um mundo de trabalho essencialmente corporativo e no qual tudo o que se conquista é feito por meio da habilidade para se trabalhar em grupo. Para isso é essencial uma mudança de paradigma que impõe:

*Aprender efetivamente a trabalhar com pares*

Fomos educados para o individualismo, os exames de seleção para escolas em níveis diferentes destacam que temos de deixar muitos para trás se desejarmos ficar na frente. Na rua, na família e em todo lugar a conversa sempre gira em torno de quem é o melhor, de quem pode mais. O clima que envolve nosso ambiente é de competição e, nesse sentido, trazemos em nossa mente a vontade da liderança, o desejo (nem sempre confesso) de ficar à frente dos outros. Mas, essa formação se choca brutalmente com o mundo do emprego, no qual mais caminha quem melhor souber trabalhar em grupo, aceitar a cooperação, pensar que uma boa equipe é sempre algo mais do que a junção de indivíduos. É por essa razão que temos de suplantar os vícios de uma formação individualista e colocar para fora, em todos os momentos, a compreensão da solidariedade, a importância de um esforço coletivo. Em uma boa equipe, seja no trabalho ou no esporte, não existe o herói isolado, mas uma mente organizada no sentido coletivo, na ação compartilhada; na compreensão de que quem sabe dividir tarefas sabe fazer melhor a sua parte. Pense nisso e cale em você, em todas as oportunidades, a ânsia individualista. Pense que uma equipe de futebol composta de excelentes onze goleiros não vence campeonato algum.

*Identificar as próprias limitações e buscar superá-las*

Evite inventar culpas, pensar que em todo trabalho imperfeito existe a irresponsabilidade de alguns ou de alguém.

Pergunte-se sempre se está fazendo o seu papel para ser mais um ou o mais importante, se não está culpando outros por falhas sobre as quais também possui parte da culpa.

Saiba assumir sua responsabilidade e converse sempre consigo mesmo se nos erros que comete – e todos cometem erros – não existe o desejo de achar que a culpa é do trânsito, do colega, do cansaço e do que quer que seja. Saiba sempre conviver com o imprevisível e se precaver, saindo de casa mais cedo, planejando melhor seu dia, dando um tempo para ocorrências imprevisíveis, libertando-se de justificativas tímidas que não escondem o responsável pelo erro. Não se acovarde e perca essa mania de sentir pena de si mesmo, buscando superar-se constantemente.

*Pensar que a diversidade é mais bela e mais poética do que a monotonia da uniformidade*

O que é mais bonito na floresta que nos encanta do que a própria diversidade das árvores e a variedade de cores. Será que um jardim com flores sempre iguais não cansa o olhar pela monotonia? A pluralidade sempre caminha com a beleza!

Transfira seus sentimentos de acolhida pelo que é belo acostumando seu olhar para a diversidade, descobrindo que se todos fossem exatamente iguais a você seria insuportável viver. Acolha as diferenças com simpatia e descubra a originalidade em se viver em um mundo tão cheio de diferenças, tão autêntico em sua diversidade. Pai e mãe que amam verdadeiramente seus filhos não fazem distinção em seu amor; a fêmea que amamenta toda uma matilha não privilegia este ou aquele.

Esqueça essa bobagem de separar pessoas em certas e erradas, bonitas e feias, simpáticas e antipáticas e acredite que o talento mais cobiçado pelo mundo do trabalho é o das pessoas que verdadeiramente compreendem a força de uma equipe. Repare que os bons técnicos em qualquer esporte não estão preocupados em ensinar os atletas a jogar, mas ensiná-los a jogar juntos.

*Descobrir o lado positivo de cada um*

Em uma empresa, na escola ou em qualquer ambiente coletivo cria mais transtorno uma greve de lixeiros do que a ausência coletiva de líderes; uma tropa com muitos comandantes não vence batalha alguma; o talento empresarial que hoje se sobrepõe à liderança exclusivista é revelado por aqueles que compreendem a força do grupo, ajudam os outros e estão sempre prontos para, ao invés de reclamar, fazer o que não foi feito ou cooperar com quem apresenta dificuldade maior ou hesitação.

*Ter ética nas amizades*

Compreender não é a mesma coisa que julgar, mas com muita frequência são comportamentos que parecem sinônimos. A ideia da compreensão envolve reconhecer a falha e nem por isso fazer da crítica uma arma de punição, mas sim uma oportunidade de ajuda.

Somente se julga outras pessoas quando se tem em mente quais virtudes são efetivamente desejáveis ao ser humano e se quem as pratica o está fazendo bem. Quem as renuncia está praticando o mal. Nesse sentido é importante que se analise o bem ou o mal não segundo o prisma de nossos interesses, os parâmetros de nossas condutas ou de nossas convicções.

Converse com seus colegas sobre o que considera verdadeiramente positivo neles e, juntos, busquem conceitos comuns na relação interpessoal ou no trabalho em grupo. Será que para todos os membros de uma equipe a coragem, o otimismo, a confiança em si, a força de vontade, a iniciativa, a persistência e a empatia possuem o mesmo peso? Como encarar, na formação de uma equipe, sentimentos iguais sobre honestidade, lealdade e responsabilidade? Se palavras como essas não tiverem sentido igual para todos, o grupo pode ser uma farsa e trabalhar juntos pode frustrar a busca de um ideal comum. Uma equipe se torna ainda mais forte quando há discussão aberta sobre valores e virtudes e se assume a certeza de que o nosso olhar se volta para a mesma direção dos olhares de nossos companheiros.

*Na arte do relacionamento, aprender efetivamente a ser amigo de seus amigos, pois a amizade é como uma planta rara que necessita ser cultivada e cuidada todos os dias*

Todos, em todos os lugares, exaltam o bom relacionamento, mas é uma utopia esperar que esse sentimento recíproco exista sem antes ser provocado, e o modo mais fácil de provocá-lo não é deixar cada um pensar à sua maneira, mas discutir juntos, e juntos encontrarem ideias similares sobre:

- A importância de se concentrar nas conversas; aprender a saber escutar, ouvindo todos com igual importância.

- Estar disponível para oferecer ajuda aos que dela necessitarem.

- Ser leal sempre, nunca traindo a confiança de quem em nós confia.

- Nunca sentir que você se diminui quando, admitindo um erro, pede desculpas. Reflita em suas ações, e se lembrar que foi inconveniente, falou mais do que devia, não deu atenção necessária a um amigo... assuma o erro e peça desculpas. Se estiver inibido pela timidez, faça um bilhetinho ou peça desculpas com um telefonema, uma flor, um bombom.

- Demonstre que aceitar ideias é importante, sobretudo quando se compreendem os sentimentos de quem as expressa.

- Não busque fazer que seus amigos pensem como você, que gostem das coisas que você gosta. Aprenda a respeitar a individualidade de cada um e aprecie o lado bom de descobrir a beleza nas diferenças.

- Não minta, mas fale com autenticidade sobre o que efetivamente sente e deseja.

- Conversar é importante, mas saber ouvir é ainda mais. Não sinta compulsão para falar mais do que ouvir. Não existe nada mais chato do que pessoas que falam apenas de si mesmas, de seus feitos e de seus sonhos. Há pessoas que se tivessem que pagar imposto para cada vez que dizem ou pensam apenas no "eu" não sobraria dinheiro nem mesmo para um cafezinho diário.

• Saiba argumentar. Defenda suas ideias com argumentos claros, expressivos, abrangentes e compreenda os que não aceitam seus argumentos. Pense sempre que o mundo é feito de diferenças e que saber compreendê-las significa descobrir como encantar.

*Desenvolver sentimentos positivos em relação a hierarquias*

Compreender que as hierarquias são condições inerentes ao trabalho de equipe, mas que respeitá-las não significa submeter-se. Chefes podem mais, mas não são mais, e acatar determinações hierárquicas não significa subordinar-se a outras pessoas, senão respeitar sua posição. Quem possui talento interpessoal jamais se sente menor por ocupar este ou aquele papel, mas compreende que todos os papéis são importantes.

Grandes batalhas históricas foram vencidas por generais, capitães, sargentos e soldados integrados em uma missão comum em que a meta se sobrepunha à função momentânea e específica de cada um.

*Comportar-se de forma reativa em relação ao grupo inteiro*

Não sonhe ser o melhor jogador de seu time, busque ser bom entre os melhores. Esqueça a vaidade de ser imprescindível, sinta-se excelente músico de uma orquestra formidável. Não fique buscando o que os outros poderiam fazer melhor para todo o conjunto, mas saiba que você pode fazer o melhor que está dentro de si. Disciplinar-se para talentos interpessoais é ser capaz de sentir o outro em si mesmo, mas também agir solidariamente fazendo-se mais forte ou tornando o outro mais forte.

*Promover ou envolver-se em atividades que apoiem a solidariedade*

Ser solidário no ambiente em que se estuda e trabalha é demonstração de talento raro e precioso, mas isso se amplia e consolida quando essa forma de participação ocorre na família, na rua, no bairro, na comunidade... Sempre é artificial a solidariedade restrita a um único ambiente, e isso pode gerar inautenticidade. Nada existe de mais fácil do que desmascarar o talento que se esforça para parecer o que não é. É por essa razão que a pessoa verdadeiramente empática e solidária faz de seus pensamentos um livro aberto que não teme se expor, não hesita se assumir completamente.

*Administrar de forma positiva as relações conflituosas*

É muito comum a existência de conflitos em toda relação interpessoal. Pontos de vista diferentes se chocam no lar, na escola, na família e no ambiente de trabalho. É por essa razão que imaginar um mundo sem conflitos representa sonho impossível. O verdadeiro talento interpessoal se manifesta em quem sabe que os conflitos são elementos indissolúveis das relações humanas e que, por isso, luta para administrá-los com serenidade e sabedoria. Administrar conflitos significa aliar-se à justiça, não assumindo posições favoráveis às ideias que nos parecem mais simpáticas, mas para as que nos parecem mais verdadeiras. O talento interpessoal se agiganta quando o árbitro é efetivamente juiz imparcial, administrador inteligente.

# 18 Resiliência. O que isso significa?

A palavra Resiliência é conceito originalmente extraído da física e bastante utilizado em engenharia. Expressa a capacidade de um sistema superar distúrbios impostos por um fenômeno externo e manter-se inalterado. Mais ou menos como a capacidade de um corpo retornar à forma original após ter sido submetido a uma deformação ou ainda à capacidade de se recobrar ou de se readaptar ao inesperado e se recompor, recobrar. Esse vocábulo provém do latim e em seu sentido original significa "recusar vivamente".

Imagine inicialmente uma mesa que foi construída para suportar um peso de 20kg e que recebe um peso dobrado, mas que ainda assim resiste, sem se deformar nem quebrar. Se preferir, pense em uma pessoa que por mudanças estruturais na empresa em que trabalha percebe que não pode mais fazer o que fazia até então, necessitando com urgência se readaptar às novas funções e, de forma tanto imperturbável quanto possível, recompor-se com a mesma qualidade com que desempenhava as funções anteriores.

O primeiro exemplo demonstra a mesa como material resiliente, pois tinha tudo para não suportar o peso para o qual não fora planejada, mas o faz sem falência de sua estrutura. O segundo contempla a pessoa que retorna a sua competência original, adaptando-se admiravelmente após ter sido submetida a mudanças inesperadas e enormes. Em ambos exemplos estamos diante da resiliência, na engenharia da mesa, na competência profissional e na condição psicológica daquela pessoa.

Assim, a palavra "resiliência" aplicada à vida humana representa o poder e a coragem de resistir, adaptando-se a condições duríssimas e persistentes. Portanto, diz respeito à capacidade de pessoas, grupos ou comunidades não só resistirem a grandes mudanças e suas adversidades, mas também de utilizá-las em seus processos de desenvolvimento profissional e pessoal.

# 19 Como posso saber se possuo caráter resiliente e se é possível expandi-lo?

Qualquer criatura humana é resiliente e, dessa maneira, resiste e adapta-se a mudanças significativas surgidas ou a imprevistos. O que varia muito entre as pessoas é a dimensão desse caráter resiliente e até que limite e por quanto tempo pode suportar pressões de mudanças, adaptando-se a elas com naturalidade. Essa dimensão do caráter resiliente depende pouquíssimo da estrutura genética de cada um e mais, muito mais, da educação que recebeu, das dificuldades que em sua história de vida necessitou superar e do ambiente cultural e afetivo no qual vive. E isso é muito bom.

Se a diferença entre um caráter resiliente fraco ou inseguro e outro forte e mutável fosse consequência de bagagem genética e, portanto, de uma condição hereditária fixa, pouco seria possível pensar em termos de mudança. Como, entretanto, a diferença se coloca bem mais na história de cada um, pessoas de caráter resiliente fraco podem se tornar fortes, ou, eventualmente, por circunstâncias vitais inesperadas, perder a força ou o vigor.

O que este capítulo pretende mostrar são as ações para se conhecer o potencial atual de seu caráter resiliente e os inúmeros caminhos em sua progressiva transformação. Para que você possa identificar situações nas quais é possível perceber a altivez do caráter resiliente, destacamos três situações significativas:

*1) Resiliência de natureza biológica*

Acontece com grande frequência no Brasil e em inúmeros outros países nos quais existem imensas diferenças sociais. Nessas nações constitui ocorrência infelizmente banal a presença de moradores de rua ou em favelas extremamente carentes. Muitas das crianças que nascem nessas condições raramente recebem cuidados médicos e higiênicos comuns às classes mais altas, e não excepcionalmente são criadas com extrema vulnerabilidade do ponto de vista médico, sanitário e alimentar. Diante disso a taxa de mortalidade infantil é elevada, mas algumas crianças não apenas suportam o fardo dessa carência e as marcas físicas da subnutrição desde o período pré-natal e, ainda assim, sobrevivem fortes, apresentando padrões de saúde surpreendente. Por motivos biológicos desenvolvem a plenitude de uma vida saudável, embora cercadas de condições de morte.

*2) Resiliência de natureza moral*

Em áreas dominadas pelo crime organizado e, portanto, pelo tráfico de drogas, violência e roubo, inúmeras vezes aparecem pessoas que, a um passo dele e tentadas pela facilidade de progresso material que oferece, buscam com altivez uma conduta moral, resistindo às tentações e às facilidades desse abjeto mundo. Excluem-se das condições de resiliência os que assim agem motivados pelo medo, curvando-se diante do pavor da violência, das ameaças de morte e de sanções. Verdadeiramente resilientes são os que por opção e movidos por força interior e indômita de dignidade não se dobram. Não cedem às tentações insinuantes de uma vida mais fácil, mais farta, e, pelo menos aparentemente, menos perigosa.

*3) Resiliência de natureza psicológica*

Esse tipo de resiliência ocorre em comunidades localizadas em áreas geologicamente perigosas, com ameaças frequentes de erupções vulcânicas, tsunamis, terremotos, inundações ou outras catástrofes naturais. Mesmo sofrendo abalos ou danos materiais os resilientes não desanimam; recomeçam do nada e seguem os caminhos da vida, acreditando em sua própria força regeneradora. Sentem o desespero da ruína, mas de forma ainda mais nítida sentem uma força interior resiliente que os leva a um eterno recomeçar.

Quando há, por exemplo, longos períodos de seca no sertão do nordeste brasileiro, podem ser identificados os que, com muitas razões, buscam migrar como a alternativa de sobrevivência, abatendo-se e entregando-se ao desânimo. Mas igualmente são identificados alguns resilientes que assumem a calamidade como circunstância inevitável, buscando com coragem a reconstrução integral do que perderam.

A rigor não existe teste ou outro processo avaliativo que possa prescrever a dimensão do caráter resiliente. Inúmeras pessoas o descobrem em si mesmas quando são vítimas de circunstâncias inesperadas, pois anteriormente não foi possível prová-lo. Uma coisa é imaginar que em situações extremas seríamos capazes de reagir de forma a demonstrar o poder resiliente, outra coisa é vivenciar tais situações e só após a ocorrência identificar a dimensão de nosso sentimento. De qualquer forma, o caráter resiliente se fortalece quando condutas marcadas por valores morais como coragem, otimismo, autoestima, riqueza interior, autodeterminação, empatia, consciência crítica, capacidade de renúncia, autoequilíbrio e percepção de limites crescem de forma espontânea.

# 20 Existem diferenças entre homens e mulheres quanto à resiliência?

Esta é uma questão polêmica e não poucos filósofos, sociólogos e antropólogos a debateram e debatem, alternando posições que negavam distinção no caráter resiliente entre homens e mulheres ou buscando identificar essa condição mais acentuada em um ou outro gêneros. Outra questão que permaneceu no passado e ainda agora permanece é indagar se o caráter resiliente é maior ou menor nesta ou naquela comunidade, neste ou naquele grupo étnico e social.

Por muito tempo a questão do gênero parecia identificar a tendência resiliente maior no homem, mais frequentemente exposto a situações bélicas e em suas irreparáveis perdas. Essa tendência, entretanto, não pode ser confirmada. Se é verdade que uma guerra em fronteiras externas expunha ao combate mais o homem do que a mulher, não é menos verdade que em áreas assoladas por guerras internas a grande vítima era a população civil, e nesse contexto não se diferenciavam homens ou mulheres, crianças ou adultos. Além disso, mesmo em guerras externas, a imensa dor pela perda de um filho sempre igualou pais e mães, independentemente da forma como exteriorizam a dimensão de sua dor.

Na contemporaneidade é possível acompanhar inúmeras situações de manifestação de coragem, otimismo, autoestima, riqueza interior, autodeterminação, empatia, consciência crítica, capacidade de renúncia e autoequilíbrio sem que seja possível identificar qualquer diferença entre homens e mulheres, entre grupos ou comunidades sociais ou entre o comportamento ético da população deste ou daquele país. Concluímos, dessa forma, pela negação a proposta feita pela pergunta, reafirmando não existir qualquer diferença, senão entre os que firmemente desejam a conquista desse caráter e por ela o perseguem e os que se conformam e se acomodam a essa limitação.

# 21 Como aumentar minha força resiliente?

Toda pessoa resiliente ou até mesmo os que diante de certas circunstâncias souberam se fazer resilientes exercitaram duas condutas simultâneas: uma de natureza mental, isto é, a educação do cérebro e sua progressiva transformação, e outra de natureza procedimental, e, dessa maneira, transformando os pensamentos resilientes em ação.

Sem a educação cerebral o ato resiliente em si acaba se restringindo a uma circunstância eventual, digna de louvor, mas não componente da personalidade resiliente. Uma pessoa que, por exemplo, diante de uma circunstância anormal age de forma corajosa é diferente de outra pessoa que faz da coragem uma maneira de encarar os desafios da vida. Para a primeira, a ação corajosa representou ato isolado, circunstância ditada por condições de momento e que podem não se repetir em outras oportunidades. Mas uma pessoa resiliente é mentalmente corajosa, transformando pensamentos em procedimentos, sejam quais forem as circunstâncias. Naturalmente, a educação mental é o passo mais difícil e consiste em educar-se para pensar com nobreza, traçando um projeto de vida que se persegue a cada dia e que a ele se volta todas as vezes que se tornar fragilizado. Para que essa ideia torne-se mais clara imagine uma pessoa que faz da honestidade um valor e que a admira não porque teme consequência de não o ser, mas pela dignidade desse valor em si mesmo. Se essa pessoa enfrenta nos desafios da vida múltiplas tentações em quebrar esse fundamento de integridade – sobretudo quando a oportunidade oferece a segurança da desonestidade – e ainda assim acredita que seu pensamento e sua consciência são guardiães dessa conduta e que não deseja ver a si mesma sem essa qualidade, manter-se honesta se transforma em ação resiliente que, progressivamente, fortalece sua convicção sobre essa conduta. Neste exemplo existe uma força interior ocasionada pela educação mental, e essa educação se materializará em condutas ou procedimentos honestos, mesmo que ninguém, a não ser a própria pessoa, saiba deles. Ela não é honesta porque teme as consequências de não o ser, não é honesta porque aspira a essa imagem de integridade, mas é honesta porque ser assim conforta sua consciência e engrandece seu sentimento interior.

Agiu *de forma* resiliente aquele que se fez honesto em uma ou outra circunstância, enquanto que *é* resiliente quem acredita na integridade desse valor e acredita em si mesmo.

Por muito tempo erroneamente se acreditou que algumas pessoas nasciam como que dotadas de valores interiores e, assim, se diferiam de outras nas quais esses valores somente poderiam ser incutidos pela educação. Sabe-se atualmente que a educação ajuda quando aponta e ensina valores, mas é o desejo pessoal que, educando o cérebro, o induz na busca desses valores. Da mesma forma que o talento musical não aflora e não persiste sem dedicação e esforço, o talento moral ou resiliente requer constante busca e progressivo aperfeiçoamento. Se ainda se acreditasse que o talento moral surgisse como condição biológica inscrita em nossos genes seria mais fácil usufruí-lo para os que assim nascessem, mas ao mesmo tempo ele ficaria restrito aos que não fossem aclamados pela hereditariedade.

A certeza de que o talento resiliente vem pela conquista e pela força de vontade indica que ele não é fácil de ser alcançado, mas seguramente traz dignidade para quem o adquire.

# 22 Como desenvolver a inteligência moral?

Qual é sua concepção sobre o trabalho? Aceita-o em seu sentido etimológico, que o associa a chicote com o qual se açoitavam os escravos para produzirem, ou prefere pensar que ele está no centro da vida moderna? Você cumpre suas funções profissionais, pois essa é uma árdua maneira de sobreviver, ou prefere pensar como Max Weber, que o descrevia como resposta ao chamamento divino?

Independentemente da resposta que você deu a esta questão, perceba que entre seus amigos e colegas há opiniões contraditórias e que geralmente oscilam nos extremos: ou o colocam como um peso amargo que se necessita carregar ou como algo divino que nos engrandece e dignifica. Não faltam ainda os que pensam que o trabalho somente é justo quando bem remunerado e que um salário abaixo de nossas expectativas o avilta e diminui.

Pensamos no trabalho como obra essencial e responsável pela manutenção de uma comunidade, que vai da família à coletividade planetária, como um bem que nos engrandece diante de nós mesmos, proporcionando sustento justo e servindo de exemplo aos outros. Nesse sentido, a essência da educação, além de ser preparação para a vida, também objetiva a qualificação para o trabalho. Independentemente da função exercida, o ato de trabalhar é essencial para o desenvolvimento da inteligência moral, talento que, agregado a outros, é essencial em qualquer emprego e em todos os tipos de organização corporativa. Além disso, é importante destacar que talentos morais não se limitam ao trabalho e às profissões, expandindo-se para a família e para os conceitos mais altos sobre a razão pela qual se ocupa um lugar no mundo. A presença de talentos éticos, por exemplo, é extremamente valorizada no Vale do Silício, na Califórnia. De igual maneira, os sentimentos morais são valiosíssimos em trabalhos voluntários, dignificando também outras formas de trabalho, da coleta de lixo à construção de catedrais.

Mas não basta assumir uma posição digna e nobre, aprendendo e desenvolvendo talentos morais; é preciso executá-los. Para isso é absolutamente essencial estarmos seguros de que podemos contar com bons pontos de apoio. E quais seriam esses pontos de apoio?

### *Apoio vertical*

O aperfeiçoamento dos talentos morais não se restringe ao ambiente de trabalho, mas pode ser feito em casa, na rua, particularmente ou em grupo. Talvez a forma mais prática de fazê-lo seja por meio da "cooperação", manifestada na ajuda espontânea à mãe, ao pai, aos irmãos, aos colegas, à esposa, aos filhos, a todos enfim. Quando nos transformamos e começamos a perceber em nós mesmos sentimentos éticos sentimos necessidade de transmiti-los não com palavras, mas pela admiração que exercem. Não se trata de "exibir" esse talento como arma de presunção, mas de mantê-lo aceso em cada gesto, mesmo pequenino, e de se sentir gratificado consigo mesmo porque ofereceu ajuda, propôs cooperação, estendeu as mãos de maneira indistinta. A preocupação em "cuidar" é um elemento essencial na inteligência moral.

### *Apoio horizontal*

Uma constatação que sempre nos entristece e que diminui o Brasil quando comparado a alguns outros países é o afastamento da população do sistema político, como demonstração de revolta contra a corrupção. Esse tipo de revolta é justa, pois nada é mais sórdido do que o volume colossal de dinheiro que se desvia de obras essenciais para sustentar subornos, para falsificar licitações... Mas se a corrupção enoja, torna-se ainda mais significativa a politização, o exercício da cidadania, o envolvimento comunitário e em serviços voluntários. Os sentimentos éticos ganham corpo com a prática, e se esta é essencial no ambiente de trabalho não pode ficar ausente na política, pois a consciência cívica precisa ser exercida todos os dias, em cada momento. Quando nos distanciamos do que horizontalmente nos revolta estamos solapando a possibilidade de construir um amanhã digno. É importante lembrar que "cidadania" não pode ser conceito esporádico praticado na hora do intervalo ou em algum final de semana.

### Consciência de uma missão

Não é raro um candidato a emprego aguardar a sua vez em uma sala onde está afixada a missão daquela organização. Para muitos, as palavras que definem essa missão são versos protocolares bonitos ou interessantes, mas que se afastam da prática.

Isso não pode acontecer. A missão é a meta, a essência, o fim, é, afinal, o alvo de todas as intenções e ações. A missão não deveria ser apenas a síntese dos objetivos empresarias, senão o caminho de cada um.

Quem vive sem missão vive sem sentido, e barco que deixa o porto sem destino jamais chegará a lugar algum. É por isso que a consolidação do talento ético envolve a consciência de uma missão pessoal que se funde à consciência de uma missão social e empresarial. A missão pessoal é como um espelho em que se deve olhar de tempos em tempos para aferir se nossa consciência aprova integralmente nossos procedimentos. Em caso negativo corrige-se imediatamente.

### A libertação de amarras causadas pelas crenças

Mas não é fácil assumir uma missão ética se estamos amarrados a crenças, a preconceitos injustificáveis que nos puxam para trás quando a consciência nos deseja levar para frente. E uma crença, não raras vezes, se disfarça em verdades, e por não percebermos essas máscaras a elas nos atolamos de forma irremediável. "Tenho na porta de minha casa um vaso com avenca para que elefantes não a esmaguem. O vaso está lá, e por essa razão a casa jamais foi esmagada". Nesta afirmação se percebe a tolice da crença. Realmente é verdade que as casas não foram esmagadas em países nos quais elefantes não transitam pelas ruas, mas a tolice se esconde na falácia de "por essa razão".

Nesse sentido, é essencial que se faça uma revisão em nossos pensamentos e se busque eliminar crenças ou suposições que, por comodismo, almejamos que pareçam verdadeiras. Seu cérebro, assim como o meu, adora deixar-se dirigir pelo "piloto automático". Expulsar crenças significa assumir o comando.

Uma das maneiras mais comuns de se adotar crenças é por meio de generalizações, ou seja, quando se invalidam informações que não se encaixam no que é mais fácil pensar. Perceba que as crenças limitadoras que você guarda dentro de si são generalizações incorretas que o paralisam. Quem sempre afirma a si mesmo "Não sei se dará certo ou não essa atitude" está assumindo a convicção de que dará errado mesmo.

### A redução do espaço entre o saber e o fazer

É impressionante a quantidade de pessoas que podem mover o mundo, mas que se entregam à letargia de não fazerem nada. Essa é, infelizmente, uma realidade comum aos que não aprendem a reduzir o espaço entre o que sabem e o que efetivamente fazem. Saber tabuada muitos sabem, mas fazer cálculos complicados "de cabeça" poucos conseguem e nessa preguiça se oculta a brecha entre o saber e o fazer. Para que essa hesitação não o atrapalhe ainda mais, experimente:

- Fazer sempre "agora" o que necessita ser feito.
- Fazer o todo começa com a certeza da existência de diversas partes e por onde começar.
- Marque um tempo para a execução das partes de uma tarefa. Cronometre e não deixe de se esforçar para subordinar a ação ao tempo previsto.
- Mantenha sempre o pensamento no que está sendo feito e não se deixe enganar por qualquer tentativa de desvio.

## A consciência plena da responsabilidade assumida

Mark Twain, um humorista norte-americano, sentenciou em uma oportunidade que "se tivesse que dar um pontapé nas nádegas de quem mais na vida o atrapalhou, certamente ficaria muito tempo sem poder sentar". O pensamento desse escritor vale para muitos que adoram colocar culpa nos outros, fugindo de qualquer responsabilidade. Para assumir a consciência ética sobre suas próprias ações, experimente:

- Fazer uma lista das tarefas que deixou de executar e anotar ao lado as razões dessas omissões.

- Fazer uma análise crítica dessas faltas e invalidar toda desculpa injustificável.
- Buscar realizar novamente as tarefas cuja desculpa invalidou.

Não será difícil perceber que aos poucos você irá melhorando, progredindo, caminhando para o alto. Não desanime! De todos os talentos essenciais a uma mente saudável os mais difíceis são os de natureza ética, por isso é essencial aprimorá-la. Não existem grandes vitórias para pequenas batalhas, assim como não existem grandes problemas para quem sabe fazê-los pequenos.

# 23 Seu cérebro: use-o ou perca-o

A mata espessa separa a casinha da estrada. O elo é uma trilha geralmente percorrida uma vez por dia por um lavrador e sua esposa. Após algum tempo a trilha se consolidará e o caminho ficará mais livre, com a mata menos desafiadora. Pense agora que o camponês e sua esposa jamais percorreram a trilha. O que acontecerá após algum tempo? A trilha praticamente desaparecerá e a mata envolverá a casa. Agora imagine o contrário: o camponês e a esposa, como também seus filhos e vizinhos, usam a trilha. Como ela ficará após algum tempo? Bem delineada, e assim será bem mais fácil caminhar. Seu cérebro é assim.

Imagine agora um atleta que todo dia pratica exercícios de alongamento e os alterna com atividades aeróbicas na esteira e na bicicleta ergométrica. Depois de alguns meses de treinamento seus músculos tornam-se mais fortes e a imagem "sarada" de seu corpo não deixa dúvidas de que ele é um atleta. Pense então que por um motivo ou outro esse atleta desista da prática de exercícios e renuncie a alongamentos ou exercícios aeróbicos. O que ocorrerá com seu corpo? Os músculos parecem encolher e a atrofia aproxima os contornos de seus músculos ao corpo molenga de quem alterna suas caminhadas entre a cama, a mesa e a TV. Seu corpo perdeu força e agilidade. Seu cérebro é assim.

Os exemplos acima poderiam se multiplicar em muitas outras situações. Você mesmo não teria qualquer dificuldade em imaginar cenas semelhantes. É por essa razão que este livro trabalhou talentos e tantas vezes mencionou seu cérebro, sua mente e o fantástico poder de sua transformação, a neuroplasticidade.

Também é pela mesma razão que o título deste epílogo traz uma mensagem importante e inadiável. Não faça de seu cérebro uma trilha abandonada que isola a pequena casa, ou mesmo músculos esquecidos que transformam o antigo atleta em preguiçoso inveterado.

*A neurociência tem um recado para você. Use seu cérebro ou perca-o para sempre.*

# Leituras para saber mais

Alguns livros podem ampliar muito o que este procurou ensinar. Se puder, não deixe de ler também:

ANTUNES, C. *Guia para a estimulação do cérebro infantil*: do nascimento aos três anos de idade. 2. ed. Petrópolis: Vozes, 2011.

______. *A criatividade em sala de aula*. 3. ed. Petrópolis: Vozes, 2004.

______. *Abrindo as portas do futuro* – Aprender a aprender, relacionar-se e trabalhar. Campinas: Papirus, [s.d.].

BAUMAN, Z. *Modernidade líquida*. Rio de Janeiro: Zahar, 2004.

______. *Amor líquido* – Sobre a fragilidade dos laços humanos. Rio de Janeiro: Zahar, 2004.

BOFF, L. *Saber cuidar* – Ética do humano – Compaixão pela Terra. Petrópolis: Vozes, 1999.

CALVIN, W.H. *Como o cérebro pensa*. Rio de Janeiro: Ciência Atual/Rocco, 1998.

CAMPS, V. *O que se deve ensinar aos filhos*. São Paulo: Martins Fontes, 2003.

DAMÁSIO, A. *O erro de Descartes*. 3. reimp. São Paulo: Companhia das Letras, 1998.

DIAMOND, M. & HOPSON, J. *Árvores maravilhosas da mente*. Rio de Janeiro: Campus, 2000.

GARDNER, H. *Cinco mentes para o futuro*. Porto Alegre: Artmed, 2007.

______. *Mentes que Criam* – Uma anatomia da criatividade observada através das vidas de Freud, Einstein, Picasso, Stravinsky, Eliot, Graham e Gandhi. Porto Alegre: Artes Médicas, 1996.

______. *Estruturas da mente* – A Teoria das Inteligências Múltiplas. Porto Alegre: Artes Médicas, 1994.

HERCULANO-HOUZEL, S. *O cérebro em transformação*. Rio de Janeiro: Objetiva, 2005.